Königs Erläuterungen und Materialien
Band 393

Erläuterungen zu

Alfred Döblin

Berlin Alexanderplatz

von Bernd Matzkowski

Über den Autor dieser Erläuterung:

Bernd Matzkowski ist 1952 geboren. Er ist verheiratet und hat drei Kinder.
Lehrer (Oberstudienrat) am Heisenberg Gymnasium Gladbeck, Fächer: Deutsch, Sozialwissenschaften, Politik, Literatur/Theater (in NRW in der Sek. II eigenes Fach mit Richtlinien etc.), Beratungslehrer für Suchtprävention, Ausbildungskoordinator (Betreuung von ReferendarInnen, Abnahme von Staatsexamina)

2. Auflage 2005
ISBN 3-8044-1793-0
© 2003 by C. Bange Verlag, 96142 Hollfeld
Alle Rechte vorbehalten!
Titelabbildung: Günter Lamprecht als Franz Biberkopf und Barbara Sukowa als Mieze in der Verfilmung „Berlin Alexanderplatz" unter der Regie von Rainer Werner Fassbinder, 1980.
Druck und Weiterverarbeitung: Tiskárna Akcent, Vimperk

Vorwort

Alfred Döblins Roman *Berlin Alexanderplatz* ist ein großer Erfolg geworden. Dies muss umso erstaunlicher erscheinen, als das Werk dem Rezipienten keine leichte Kost bietet, sondern aufgrund seiner Komplexität und Kompliziertheit eher Lesewiderstände weckt. Die „Geschichte vom Franz Biberkopf" (Untertitel), das Schicksal des Protagonisten, ist nur mit Mühe zu verfolgen, baut der Autor doch keinen durchgängigen Spannungsbogen auf. Der Rezipient sieht sich vielmehr mit einer überbordenden Fülle von einmontierten Lyrismen, Sachtexten, philosophischen Betrachtungen, Bibelzitaten sowie onomatopoietischen Elementen, wechselnden Redeformen, syntaktischen und stilistischen Eigenheiten konfrontiert, deren Zusammenhang mit dem Gang der Handlung sich bei einer ersten Lektüre kaum erschließt. Peter Bekes kommt deshalb zu dem Urteil: „Erst in einem zweiten bzw. dritten Durchgang durch das Werk wird (der Leser) vielleicht wichtige Bedeutungslinien und Entwicklungsmuster, motivische Reihen und symbolische Verflechtungen erkennen, die er zuvor noch gar nicht wahrnehmen konnte."[1]

Der vorliegende Band will einige Leseschwierigkeiten, die der Roman bereitet, beseitigen helfen, ohne den Anspruch zu erheben, eine umfassende Interpretation von Döblins Roman zu präsentieren.

Der Band verzichtet dabei weitestgehend auf eine Darstellung literaturwissenschaftlicher Kontroversen und fachwissenschaftlicher Spezialdiskussionen[2], sondern er orientiert

---

1   Peter Bekes, S. 8; siehe auch Roland Links, S. 126
2   Verzichtet wird u. a. auf Ausführungen zur möglichen oder tatsächlichen Beeinflussung Döblins durch J. Joyce (*Ulysses*) und zur Entwicklung von Döblins Romantheorie (vom „Berliner Programm" im Jahre 1913 bis zum „Bau des epischen Werkes" aus dem Jahre 1928).

sich an Fragestellungen, die Schülerinnen und Schülern den Zugang zum Verständnis einiger Aspekte des Romans erleichtern sollen. Zitiert wird nach der gängigen dtv-Ausgabe des Romans.[3]

---

3   Alfred Döblin, *Berlin Alexanderplatz. Die Geschichte vom Franz Biberkopf*, Deutscher Taschenbuch Verlag, dtv Bd. 295, München 2001 (41. Auflage); Zitatangaben erscheinen im Text direkt nach dem Zitat.

1. Alfred Döblin: Leben und Werk[4]

1.1 Biografie

Jahr	Ort	Ereignis	Alter
1878	Stettin	Geburt Alfred Döblins am 10. 8.	
1888	Berlin	Umzug der Mutter und der Kinder (Döblin hat vier Geschwister; der Vater wandert nach Amerika aus)	10
1900	Berlin	Beginn des Studiums der Medizin	22
1905	Berlin	Abschluss des Studiums	27
1910	Berlin	Gründung der Vereinigung „Der Sturm"	32
1912	Berlin	Heirat mit Erna Reis Niederlassung als Kassenarzt *Die Ermordung einer Butterblume* (Sammelband)	34
1914		*Wadzeks Kampf mit der Dampfturbine* Döblin ist in den Kriegsjahren als Militärarzt tätig.	36
1915		Fontane-Preis für *Die drei Sprünge des Wang-lun*	37
1917		*Die Lobensteiner reisen nach Böhmen* (Sammelband)	39
1918		Döblin tritt der USPD bei.	40

4 Vgl. hierzu P. Bekes, Helmut Schwimmer, Roland Links.

Jahr	Ort	Ereignis	Alter
1920		*Wallenstein*	42
1922		Döblin wird Mitglied der SPD.	44
1924		*Berge, Meere und Giganten*	46
		Döblin wird Vorsitzender im „Schutzverband deutscher Schriftsteller".	
1927		*Manas*	49
1928		Wahl in die „Preußische Akademie der Künste"	50
		Austritt aus der SPD	
1929		***Berlin Alexanderplatz***	51
1930		*Wissen und Verändern*	52
28. 2. 1933		Döblin verlässt am Tag nach dem Reichstagsbrand Deutschland; die Familie Döblin lebt zunächst in Zürich, dann in Paris.	55
		Döblin wird durch die Nazi-Regierung die deutsche Staatsbürgerschaft aberkannt.	
1936	Paris	Döblin erhält die französische Staatsbürgerschaft.	58
1940	USA	Einreise in die USA	62
		Döblin arbeitet zeitweilig als Texter in Hollywood.	
1941		Döblin, seine Frau Erna und sein Sohn Stephan konvertieren vom Judentum zum Katholizismus.	63

Jahr	Ort	Ereignis	Alter
1942		*November 1918*	64
1945	Baden-Baden	Rückkehr nach Deutschland	67
1949	Mainz	Döblin arbeitet an der Akademie für Wissenschaft und Literatur.	71
1953	Frankreich	Döblin zieht nach Frankreich.	75
1956	Freiburg	Döblin erkrankt schwer.	78
26. 6. 1957	Emmendingen	Döblin stirbt in seinem 79. Lebensjahr im Landeskrankenhaus.	78

1.2 Zeitgeschichtlicher Hintergrund

> *„In fremden Städten treib ich ohne Ruder.*
> *Hohl sind die fremden Tage und wie Kreide.*
> *Du, mein Berlin, du Opiumrausch, du Luder.*
> *Nur wer die Sehnsucht kennt, weiß, was ich leide..."*
> Alfred Lichtenstein, *Gesänge an Berlin*[5]

Als Alfred Döblin seinen Roman *Berlin Alexanderplatz* schrieb, war die „Stadt" längst Gegenstand der künstlerischen Darstellung geworden.

Die Stadt: ein Thema der Literatur

Besonders für die Dichter des Futurismus und Expressionismus war die Stadt in den ersten zwei Jahrzehnten unseres Jahrhunderts faszinierendes Objekt ihres Schaffens. Die zahlreichen expressionistischen Stadtgedichte legen davon Zeugnis ab. Johannes R. Becher, Georg Heym, Ernst Stadler, Georg Trakl, Gottfried Benn und Alfred Lichtenstein, um nur einige der bekanntesten Repräsentanten der Lyrik zu nennen, wandten sich der Stadt als Thema zu, wobei die Gedichte stets zwischen ekstatischer Großstadtbegeisterung und düster-apokalyptischen Visionen pendelten. Alle Facetten des Großstadtlebens gerieten ins Blickfeld: Technik und Architektur, Lust und Laster, die Bewegung großer Menschenmassen, aber auch die Anonymität und Vereinsamung des Einzelnen. Die Stadt entfaltet in ihren Gedichten (und ebenso auch in Döblins Roman) ihr Leben in der Dialektik ungeheurer produktiver Kräfte und Kräfte großer Destruktion, sie ist Sinnenfreude und Sündenbabel, Moloch und Megamaschine, Freudenstätte und Freudenhaus zugleich.

---

5   Zitiert nach Peter Christian Giese, *Lyrik des Expressionismus*, Stuttgart 1992, S. 55

Auch Bertolt Brecht griff die Stadt-Thematik auf – in seinem *Lesebuch für Städtebewohner*, in seinem Drama *Im Dickicht der Städte* (1923) und in der Oper *Aufstieg und Fall der Stadt Mahagonny* (1929). In der Malerei wurde die Stadt ebenso Thema (Kokoschka, Beckmann, Grosz, Kirchner) wie in der neuen Kunstform des Films (Fritz Lang, *Metropolis*; auch Charlie Chaplins Film *Moderne Zeiten* spiegelt Seiten des modernen

Die Entwicklung Berlins zur Metropole

städtischen Lebens[6]). Und Berlin wurde die Stadt der Städte, sie stand gleichsam als Synonym für die Stadt überhaupt. Durch Eingemeindungen war die Einwohnerzahl Groß-Berlins zu Beginn der zwanziger Jahre auf fast vier Millionen angewachsen (1900 waren es zwei Millionen). Berlin war das Zentrum der Wirtschaft, der Wissenschaft, der Publizistik, des Verkehrs und der Kultur, deren Spannweite von der „Hochkultur" (das „Deutsche Theater" in Berlin wurde unter Max Reinhard eine Bühne mit Weltruhm) bis zum Tingeltangel der Varietébühnen und den Stätten des Kabaretts und des Chansons reichte. Berlin war das politische

Berlin als politisches Zentrum

Zentrum Deutschlands. Hier prallten die politischen Auffassungen in den Debatten des Reichstags aufeinander und – in gewalttätiger Form – in den Straßen- und Saalschlachten zwischen SA und „Rotfrontkämpferbund" (nicht ohne Grund hatte Hitler 1926 Goebbels als neuen „Gauleiter" nach Berlin geschickt; er sollte das „Rote Berlin" erobern und dirigierte seine Propaganda- und Kampftrupps in die Berliner Arbeiterviertel). Die politischen Auseinandersetzungen der Zeit spiegeln sich im Roman mehrfach. So wird Biberkopf im 2. Buch in eine Diskussion mit Kommunisten verwickelt, im 5. Buch verkauft

---

6   Siehe die Erwähnung Chaplins im Roman auf S. 79

er „völkische" Zeitungen und trägt die Hakenkreuzbinde, im 6. Buch wird geschildert, wie er politische Veranstaltungen aufsucht. Und das Schlusskapitel greift politische Szenarien auf (siehe hierzu aber 2.7 Interpretationsansätze).

In diesem Berlin studierte Alfred Döblin, in diesem Berlin wirkte er als Arzt. Und dieses Berlin gestaltete Döblin in seinem Roman *Berlin Alexanderplatz*.

> „Döblin wählte den Alexanderplatz in Berlin Ost, weil er sich da auskannte wie kein Zweiter, es war die Gegend, wo er als Kassenarzt wirkte. Diese Wahl war ein Glücksfall, nie wieder trafen bei ihm künstlerische Absicht, Stoff und persönliches Erleben so zusammen."[7]

In Döblins Roman wird die Stadt zum **Handlungsort, Symbolraum und Kommunikationsraum**.

Berlin als Handlungsort

Dabei ist der titelgebende Platz im Berliner Osten mehr als reiner **Handlungsort**, den der Protagonist immer wieder kreuzt und an den er sich im 1. und im 9. Buch des Romans begibt. Mit akribischer Detailtreue und fast manisch zu nennender Sammelwut breitet Döblin das großstädtische Leben mit all seinen Facetten vor uns aus. Er zeigt uns Berlin als Verwaltungseinheit durch die Abbildung von Piktogrammen und amtlichen Tafeln und die Wiedergabe amtlicher Mitteilungen (siehe S. 49–50), er erklärt uns das Berliner Verkehrsnetz (siehe S. 52), stellt uns das Unternehmen AEG vor (S. 52 f.), führt uns in die Straßen und an die Plätze Berlins, zeigt uns die Baustellen der Stadt, die Aufbruch und Umbruch und ständige Bewegung symbolisieren (siehe S. 52). Er führt uns in das Milieu der

---

7   W. Muschg, S. 170

Homosexuellen (siehe S. 70 ff.) und an die Stätten des Vergnügens und des Lasters, in die Tanzlokale, Gartengaststätten (siehe S. 78 ff.), Kaschemmen und in die Veranstaltungsräume und Kneipen, in denen politische Debatten geführt werden (siehe S. 246 ff.). Sein Blick reicht in die Gefängniszellen, die Gerichte und Anwaltskanzleien (siehe S. 124 ff.). Kenntnisreich schildert er den Berliner „Untergrund" (vom U-Bahn-Bau bis ins Verbrechermilieu, in dem sich sein Protagonist bewegt; siehe die Schilderung des Einbruchs auf S. 315 ff.).

Berlin als Ort sozialer Prozesse

Und immer wieder schaut er auf die Menschen der Stadt, blickt in ihre Köpfe, ihre Seelen und ihre Wohnungen. Ihn interessiert, wie die Menschen arbeiten, wie sie wohnen, wie sie feiern und tanzen, wie sie sprechen, denken und fühlen. Berlin gerät in unser Blickfeld, manchmal ohne direkten Bezug zum Schicksal der Hauptfigur (indirekt wirkt die Stadt ständig auf ihn ein), aber eben auch über Biberkopfs Weg durch Berlin vermittelt. Ein schönes Beispiel bietet der Beginn des 4. Buches. Vom Alexanderplatz aus („Am Alexanderplatz reißen sie den Damm auf für die Untergrundbahn", S. 123; erster Satz des ersten Kapitels) bringt uns der Erzähler über kurze Hinweise auf Höfe, Seitengebäude und Hinterhäuser in die Linienstraße. „Linienstraße, da ist das Haus, wo sich Franz Biberkopf verkrochen hat nach dem Schlamassel mit Lüders."(S. 124) Dieser Hinweis ist nun Anlass genug, uns das Haus und seine Bewohner samt ihren Lebensumständen und Arbeitsbedingungen, ihren Verhaltensweisen und Krankheiten zu zeigen (siehe S. 124 ff). Im Erdgeschoss ein Schuhgeschäft (nach vorne, zur Straße hin gelegen) sowie die Wohnung der Hausbesitzerin (nach hinten, zum Garten bzw. Hof hin gelegen). Im ersten

Stock die Kanzlei des Rechtsanwalts Löwenhund, dessen Arbeitstag uns geschildert wird. Noch abends sitzt er am Schreibtisch und erledigt Korrespondenzen. Im zweiten Stock wohnen der Verwalter und „zwei dicke Ehepaare" (S. 126). Im dritten Stock ein vierundsechzigjähriger Mann („Coronarsclerose, Myodegeneratio cordis", S. 126) und ein dreißigjähriger Dreher mit seinem Sohn. Daneben leben ein Kellner und seine Braut. Ganz oben wohnen ein Darmhändler, seine Kinder und seine Frau (die Anlegerin in einer Druckerei ist und eine Eierstockentzündung hat). In einer Dachkammer haust Biberkopf, in einer „Stinkbude" (S. 128).

Mit der Beschreibung des Hauses und seiner Bewohner führt uns der Erzähler einen Ausschnitt aus der Lebenswirklichkeit vor Augen. Wir bekommen einen Überblick über einen Teil der Sozialstruktur Berlins. Wir sehen Angehörige des Bürgertums (Rechtsanwalt/Hausbesitzerin), der Facharbeiterschaft (der Dreher), des Dienstleistungsgewerbes (der Kellner), des Handels (der Darmhändler) und des Handwerks (Möbelpolier). Wir sehen relativen Reichtum, und wir bekommen einen Einblick in das Leben der unteren Schichten, die täglich um ihre Existenz kämpfen müssen. Vor unseren Augen entsteht die Stadt als **Raum sozialer Prozesse**.

Zugleich wird die Oberfläche der Wirklichkeit durchstoßen, denn wir erfahren mehr als die äußere Existenz der Figuren. Wir lernen ihre Geschichte kennen (der Kellner war bereits einmal verheiratet und hat seine jetzige Lebenspartnerin in Hoppegarten kennen gelernt, „wie sie auf Männer jagte.", S. 127) und ihre gegenwärtigen Gedanken (der Kellner verdächtigt – zu Recht – seine Braut, dass sie ihn regelmäßig mit anderen Männern betrügt). Wir sehen die Menschen in ihrer Alltagsexistenz (der Darmhändler und seine Frau gehen dann und wann ins Kino, er geht zu Vereinssitzungen, ab und zu besuchen sie gemeinsam seine Eltern; der Möbelpolier wird von seiner Tochter versorgt; der Dreher trinkt Naturtee, bastelt am Radio herum und ist Obmann des Funkvereins).

Berlin als Ort der Kommunikation

Döblins Berlin ist auch ein großer **Ort der Kommunikation**, denn das Bild der Wirklichkeit, das vor unseren Augen entsteht, wird nicht nur durch solche Beschreibungen, sondern auch durch Kommunikation aufgebaut: durch die Gespräche der Menschen als mündliche Alltagskommunikation und über die Einblendung von Texten als vermittelte Form der Kommunikation (in obigem Beispiel die Schreiben des Rechtsanwalts): Plakattexte, Werbeanzeigen, politische Artikel, Gebrauchsanweisungen, Hinweisschilder, Straßenschilder, Gerichts- und Mahnbescheide, Verwaltungsverlautbarungen, amtliche Verfügungen, Börsennachrichten, Wetterberichte, Briefe, Verkehrspläne, wissenschaftliche Texte, Anweisungen für Fahrgäste von Bahn und Straßenbahnen sowie Bussen. Hinzu kommen die Lied- und Schlagertexte, die Kinderverse und die einmontierten geflügelten Worte.

Immer wieder erzählen die Figuren des Romans Geschichten und Anekdoten (bereis im 1. Buch erzählen die Juden Biberkopf eine Geschichte). Da wird geflachst und gekalauert, da wird aufgeschnitten und übertrieben, da wird geredet, gestritten, geschrien und gebrüllt, geflüstert und gezischt. Das Leben ist angefüllt von gelebten und erzählten Geschichten. Mit dem Lärm der Maschinen, den Fahrgeräuschen der Autos und Bahnen verbindet sich der Strom des Erzählens und der Kommunikation zu einer fast hörbar werdenden Symphonie des Alltags in der Millionenmetropole, die Georg Heym einmal in Verse gefasst hat:

„Wie Korybanten-Tanz dröhnt die Musik
Der Millionen durch die Straßen laut."[8]

Die Texte der (mündlichen und schriftlichen) Alltagskommunikation sind wiederum verbunden mit den vom Erzähler eingefügten Texten der Bibel, den Anspielungen und Verweisen auf die griechische Mythologie (siehe z. B. die Verkoppelung der Darstellung von Idas Tod mit der Rückkehr des Agamemnon aus Troja, S. 100 f.) und den zahlreichen Zitaten aus der klassischen Literatur (Goethe, Schiller u. a.), die die Alltagserfahrungen der Menschen in Berlin einflechten in den Strom des Erzählens der gesamten Menschheit und in die in diesen Texten gesammelten, erinnerten und verarbeiteten Mythen, Menschheitserfahrungen und Grundmuster des menschlichen Lebens überhaupt. Zugleich kommuniziert der Erzähler mit dem Rezipienten, bezieht ihn direkt in den Erzählvorgang ein oder macht ihm Assoziations- und Kommunikationsangebote. Nur weil Franz Biberkopf in diesen Gesamtprozess gesetzt wird, der sich aus einer Flut von Details, Einzelbeobachtungen, einmontierten Texten, erzählten Geschichten und Kommunikationsangeboten speist, kann sein Einzelschicksal exemplarisch werden. Und nur weil wir Biberkopfs Schicksal verfolgen können, bleibt die Stadt nicht eine abstrakte Größe, bleibt sie nicht auf eine Aneinanderreihung kunstvoll verflochtener Einzelelemente beschränkt.

Biberkopfs Schicksal als Exempel

Die Stadt tritt Biberkopf bei der Entlassung aus Tegel (1. Buch) als Instanz gegenüber, die ihn verwirrt, verunsichert, verängstigt. Ihre Dynamik macht ihn atemlos und schwindelig. Die Stadt interessiert sich nicht für ihn, er ist

---

8   Georg Heym, *Der Gott der Stadt*, zitiert nach P. C. Giese, ebd. S. 53

der Stadt gleichgültig, ist er doch nur einer unter Millionen von Menschen. Ihre Kräfte wirken jedoch ständig auf ihn ein (ohne dass er sich zunächst dessen bewusst ist). Biberkopf erlebt die Sinnesfreuden, die die Stadt bereithält, und er erliegt ihren Verlockungen. Er muss erst lernen, sich dieser Herausforderung zu stellen. Warum und woran er zunächst scheitert, wird uns vorgeführt, damit wir an seinem Beispiel

Die Stadt als Symbolraum

lernen. Das Berlin Döblins in *Berlin Alexanderplatz* ist somit **Symbolraum** für das moderne Leben überhaupt, das Döblin vor den Augen des Lesers aufbaut, in dessen Sog der Leser hineingezogen wird.[9] Über das Schicksal Biberkopfs hinaus werden anhand seines Beispiels Grundfragen der menschlichen Existenz aufgeworfen.

> *„Aber in dem Maße, wie die Geschichte exemplarisch wird, wie der als Massenteilchen unbedeutende und für das Fortbestehen der Stadt Berlin unwesentliche Franz Biberkopf als Exempel an Bedeutung gewinnt, in dem gleichen Maße wird die Besonderheit der Großstadt Berlin unwichtig, und übrig bleibt die Großstadt schlechthin als die Lebensform, der der moderne Mensch verfallen, der er hilflos preisgegeben ist, von der er sich auch nicht mehr lösen kann, ohne das moderne Leben selbst zu ignorieren."*[10]

---

9 „Die Stadt war damals mehr als das Zentrum der modernen Welt und der eigentliche Lebensraum des Menschen. (...) Die Stadt war nichts Geringeres als das Abbild der Moderne, sie offenbarte das Wesen der Welt schlechthin." Helmut Koopmann, *Alfred Döblin, Berlin Alexanderplatz*, in: Der klassisch-moderne Roman in Deutschland. Thomas Mann – Döblin – Broch, Stuttgart 1983, S. 77, zitiert nach Anja Stallmann, S. 15

10 E. Hülse, S. 96 f.

1.3 Angaben und Erläuterungen zu wesentlichen Werken

Alfred Döblin war zehn Jahre alt, als er 1888 mit seiner Mutter und den vier Geschwistern nach Berlin kam. Hier ist er zur Schule gegangen, hier hat er studiert, hier hat er eine Familie gegründet und als Arzt und Schriftsteller gearbeitet. Alfred Döblins Weggang aus Berlin war keine Flucht vor dieser Stadt, sondern vor den nationalsozialistischen Machthabern. Entscheidende Phasen seines Lebens hat Döblin in Berlin verbracht, und so ist es wohl auch nicht verwunderlich, dass die große Stadt immer wieder zum Thema seiner schriftstellerischen Tätigkeit wurde. Unter Vernachlässigung anderer Werke soll hier kurz auf solche Texte eingegangen werden, die mittelbar oder unmittelbar in einer Nähe zu *Berlin Alexanderplatz* stehen.

In *Die Ermordung einer Butterblume* gewinnt die Stadt selbst noch nicht so deutliche Konturen wie im Roman *Die Ermordung einer Butterblume Berlin Alexanderplatz*, aber die Erzählung schildert das Schicksal des Großstadtbewohners Michael Fischer, auf den die Stadt durchaus negativ einwirkt und dessen Ende Parallelen zum Ende Franz Biberkopfs aufweist, insofern er, wie Biberkopf im 9. Buch des Romans, in eine Phase der Erstarrung und Bewegungslosigkeit kommt.

Auch der Roman *Die drei Sprünge des Wang-lun* weist Bezüge zu *Berlin Alexanderplatz* auf. Der Roman ist im China des 18. Jahrhunderts angesiedelt. Wang-lun, der Protagonist des Romans, überdenkt nach dem Tode seines Freundes sein bisheriges Leben. Er wird zum Anführer der Wu-Wei-Sekte, die dem

Die drei Sprünge des Wang-lun

Prinzip des Nicht-Widerstrebens und Nicht-Handelns verpflichtet ist. Als sich die Bewegung spaltet, ist Wang-lun allerdings zum Handeln gezwungen, denn er muss sich mit seinem Gegenspieler Ma-noh auseinander setzen. Nach einer Phase der Abwendung von der Sekte (Wang-lun versucht, ein Leben im Dorf zu führen) muss er das Prinzip des Nicht-Handelns und Nicht-Widerstrebens wieder aufgeben, als die Sekte durch den Kaiser bedroht ist. Er fordert mit einem Heer den Kaiser zum Kampf heraus. Bezüge zu *Berlin Alexanderplatz* ergeben sich durch das offene Ende, die Verwendung von Montageelementen und die Thematisierung der Ergebenheit in das Schicksal.

Wadzeks Kampf mit der Dampfturbine

Zum ersten wirklichen Großstadtroman Döblins wird *Wadzeks Kampf mit der Dampfturbine*. Döblin wollte mit diesem in Berlin spielenden Roman ursprünglich die Technik und die Errungenschaften der Maschinen feiern. Zu Studienzwecken hat er sich wochenlang bei Siemens & Halske und bei der AEG aufgehalten, um dort das Herstellen von Dampfturbinen und die Arbeitsprozesse überhaupt zu beobachten. Im Laufe der Arbeit veränderte Döblin dann aber seine Position. Die Technik steht nun dem Menschen gegenüber, der ein Anhängsel der Maschine wird.[11] Der Roman, der in „mancherlei Hinsicht als Vorstufe zu *Berlin Alexanderplatz* gelten" kann, weist sowohl Parallelen in der Darstellung des städtischen Lebens als motivische Parallelen zum späteren Roman auf.[12] Der Roman schildert den Kampf des Berliner Fabrikanten Wadzek mit rivalisierenden Unternehmern. Für Wadzek hängt alles davon ab, ob die Verbesse-

---

11 Vgl. zu diesem Abschnitt Schwimmer, S. 18 f.
12 Sander, S. 80

rung einer in seiner Fabrik hergestellten Turbine gelingt. Als Wadzek erfolglos bleibt, sieht er sich im Gegensatz zu seiner gesamten Umwelt. Roland Links schreibt über den Roman:

> *„Die Dampfturbine wird zum Fetisch, an den der Mensch, ein hilflos zappelndes Insekt, sein Schicksal hängt. Mensch und Maschine erscheinen als groteske Gegenspieler in einer grotesken Welt. Wadzek ist der Typ des desorientierten, ohnmächtigen Menschen. Jedes Selbstbewusstsein fehlt ihm, nichts ist ihm mehr vertraut und glaubwürdig, alles wird unheimlich, zuletzt sogar die Gegenstände des Alltags (...).“*[13]

Wie in *Berlin Alexanderplatz* wird auch im *Wadzek*-Roman die Stadt selbst zur Mit- und Gegenspielerin des Protagonisten, wirken die Elemente des großstädtischen Lebens – die Menschenmassen, die Gebäude, die Verkehrsmittel, die Fabriken und der allgegenwärtige Lärm – auf ihn ein. Verdichtet und gesteigert wird dieser Blick auf die Stadt und die in ihr lebenden Menschen dann mit *Berlin Alexanderplatz*.

---

13 Links, S. 58 f.

2. Textanalyse und -interpretation

2.1 Entstehung und Quellen

Döblin zur Entstehung des
Romans

1929 erscheint Döblins Roman *Berlin Alexanderplatz*; der Beginn der Arbeit an diesem Roman wird allgemein auf 1927 datiert. Über die Entstehung des Romans führt Döblin 1932 aus:

> *„Es wäre eine lange Geschichte zu erzählen, wie ich zum Stoff und zu dem Grundmotiv des Buches kam. Hier will ich nur sagen: Mein ärztlicher Beruf hat mich viel mit Kriminellen zusammengebracht. Ich hatte auch vor Jahren eine Beobachtungsstation für Kriminelle. Von da kam manches Interessante und Sagenswerte. (...) Dann etwas anderes. Ich kenne den Berliner Osten seit Jahrzehnten, weil ich hier aufgewachsen bin, zur Schule ging, später auch hier meine Praxis begann. (...) Hier sah ich nun einen interessanten und so überaus wahren und noch nicht ausgeschriebenen Schlag von Menschen. (...) Wie ich die Menschen sah, davon gibt das Buch eine Probe. (...) Ich habe weiter eine philosophische, ja metaphysische Linie zu berühren. Jedem meiner größeren epischen Werke geht eine geistige Fundamentierung voraus. (...) Hier nun, als grundbetont und Fundament des Buches ‚Alexanderplatz', lautet meine Position so, und ich habe sie in der vorangegangenen naturphilosophischen Schrift ‚Das Ich über der Natur' dargelegt: Diese Welt ist eine Welt zweier Götter. Es ist eine Welt des Aufbaus und Zerfalls zugleich. (...) Es ist Ordnung und Auflösung da."*[14]

---

14 A. Döblin, *Mein Buch Berlin Alexanderplatz*, Vorbemerkungen zu einem am 19.2.1932 in Zürich vor dem Lesezirkel Hottingen gehaltenen Vortrag, in: ‚Der Lesezirkel', Jg. 19, Heft 5, S. 70 f., zitiert nach Prangel, S. 43 f.

Drei Entstehungslinien oder Anstöße für den Roman nennt Döblin hier. Die Biberkopf-Handlung ist eingebettet in das kriminelle Milieu Berlins, das ist der erste von Döblin genannte Anstoß, der sich im Roman wiederfindet. Die zweite Linie: Franz Biberkopf sieht sich der Dynamik der Großstadt gegenüber, deren Fokus der zentrale Ort des Romans ist, der Alexanderplatz im Osten Berlins (an ihm steht Franz Biberkopf nach der Entlassung aus dem Zuchthaus Tegel im 1. Buch und nach der Entlassung aus der Anstalt Buch im 9. Buch des Romans). Von seiner Sicht auf diese Stadt, so sagt Döblin, gibt das Buch eine Probe. Und zuletzt: Biberkopf hat einen Vorsatz, als er das Gefängnis verlässt. Er will anständig bleiben. Sein Scheitern führt uns der Autor vor – das Prinzip (der Gegensatz) von Ordnung und Auflösung wird an Biberkopf exemplarisch demonstriert. Dies ist die dritte „Linie" des Romans bzw. seiner Entstehung. In einem Nachwort zu einem Neudruck im Jahre 1955 betont Döblin einen anderen (weiteren) Aspekt des Romans, wenn er schreibt:

Opfer-Thematik

„Das innere Thema also lautet: Es heißt opfern, sich selbst zum Opfer bringen. Und früh sprießen in dem Buch auch für den, der lesen kann, die Opferthemen auf: Seinen einzigen Sohn soll der biblische Abraham dem höchsten Gott opfern, wir werden auf den Schlachthof im Osten der Stadt geführt und wohnen dem Tod von Tieren bei."[15]

Mehrfach hat sich Alfred Döblin genötigt gesehen, auf den tatsächlichen bzw. vermuteten Einfluss von James Joyce auf

---

15 A. Döblin, *Nachwort* zu einem Neudruck in Prangel, S. 47 (Nachwort zur 1955 erschienenen Lizenzausgabe des Verlages Das neue Berlin). Die Opferthematik hat Döblin auch im „Epilog" (Döblin, *Aufsätze zur Literatur*) betont (abgedruckt in Prangel, S. 45 f.).

seinen Roman einzugehen. So hat er auch darauf hingewiesen, dass er bereits am *Alexanderplatz* gearbeitet hat, als er den Roman *Ulysses* des Iren Joyce gelesen hat. Über den Einfluss auf sein Werk hat Döblin einmal ausgeführt:

> „*Was das Formelle anlangt, – wozu ist das nötig, mich irgendwie mit Joyce zusammenzukoppeln? Schon mein ‚Wallenstein' (1918) hat die Szenenanordnung und das Überschneiden, das in dieser Zeit heraufkommt und auf einem anderen Gebiet, in der Filmmontage, künstlerischen Ausdruck gewinnt. Der innere Monolog ist ein altes Literaturgut. Es war in der Literatur als Selbstgespräch oder Dazwischengespräch des Autors, Darstellung per* **ich** *oder per* **er** *tausendmal gemacht (…). Die Erzählungen von Heinrich Kleist, in ihrer Art meisterhaft und politisch, sind aber dramatisierte Erzählungen, lassen das Theater durchblicken und entbehren des spezifisch epischen Charakters. Die Assoziationstechnik spielt sogar im ‚Alexanderplatz' eine große Rolle und ich kenne sie genauer als Joyce, nämlich vom lebenden Objekt, von der Psychoanalyse.*"[16]

Döblin zur Form des Romans

In seinem Brief nennt Döblin selbst die Stilmerkmale, die seinen Roman in besonderer Weise kennzeichnen. Es sind dies der Montagestil, die Verwendung unterschiedlicher Redeformen (Döblin hebt den inneren Monolog hervor) und die Technik der Assoziation. Döblin ruht sich jedoch auf dem Erfolg seines Romans nicht aus, empfindet wohl die Identifikation des Autors Döblin mit diesem einen Roman als ungerechtfertigt.

---

16 Döblin, *Brief an Paul Lüth* vom 9.10.1947, zitiert nach Prangel, S. 48 f. (Hervorhebungen im Original)

„*Dies Buch war beim Publikum ein Erfolg, und man nagelte mich auf den (als Schilderung der Berliner Unterwelt missverstandenen) ‚Alexanderplatz' fest. Es hat mich nicht gehindert, meinen Weg weiter zu verfolgen und die Leute, die Schablonenarbeit verlangen, zu enttäuschen.*"[17]

---

17 A. Döblin, *Epilog*, in Prangel, S. 45

2.2 Inhaltsangabe

Wenn die Überschrift zu diesem Abschnitt „Inhaltsangabe"

Zur Funktion des Prologs

heißt, so ist der Begriff im Grunde nur eingeschränkt verwendet, da hier lediglich ein erster Überblick über den Gang der „Biberkopf-Handlung" geboten werden soll.[18] Der Roman selbst verschafft in einer Art Prolog dem Rezipienten einen Zugriff auf den Inhalt der „Geschichte vom Franz Biberkopf", verweist auf die Vorgeschichte der Hauptfigur und ihre Absicht: „Dieses Buch berichtet von einem ehemaligen Zement- und Transportarbeiter Franz Biberkopf in Berlin. Er ist aus dem Gefängnis, wo er wegen älterer Vorfälle saß, entlassen und steht nun wieder in Berlin und will anständig sein." (S. 11)[19]

Der Prolog weist darauf hin, dass den Protagonisten drei Schicksalsschläge treffen werden, bis er „zur Strecke gebracht" ist (S. 11). „Er gibt die Partie verloren, er weiß nicht weiter und scheint erledigt." (ebd.) Bevor es aber mit Franz Biberkopf ein Ende nimmt, wird ihm „der Star gestochen. Es wird ihm aufs Deutlichste klargemacht, woran alles lag." (ebd.) Am Schluss, so heißt es im Prolog weiter, sehen wir Biberkopf wieder am Alexanderplatz stehen, „sehr verändert, ramponiert, aber doch zurechtgebogen." (ebd.) Der Geschichte Biberkopfs wird dabei eine exemplarische (didaktische) Funktion zugesprochen, wenn es im Prolog abschließend heißt:

---

18 Dieses Verfahren ist durchaus nicht unproblematisch, weil es den Eindruck erwecken kann, der Roman ließe sich auf die „Geschichte vom Franz Biberkopf" als eigenständige Fabel reduzieren und diese könne den montierten Elementen entgegengesetzt werden.

19 Alfred Döblin, *Berlin Alexanderplatz. Die Geschichte vom Franz Biberkopf*, Deutscher Taschenbuch Verlag, dtv Bd. 295, München 2001 (41. Auflage); Zitatangaben erscheinen im Text direkt nach dem Zitat.

> *„Dies zu betrachten und zu hören wird sich für viele lohnen, die wie Franz Biberkopf in einer Menschenhaut wohnen und denen es passiert wie diesem Franz Biberkopf, nämlich vom Leben mehr zu verlangen als das Butterbrot."* (S. 12)

Der Prolog leistet somit gleichzeitig weniger und mehr als eine Inhaltsangabe. Für eine Inhaltsangabe ist er nicht konkret genug (es wird z. B. recht allgemein vom Schicksal gesprochen, das Biberkopf trifft), andererseits gibt er bereits erste Auskünfte über die Struktur des Romans (drei Schicksalsschläge treffen Biberkopf; zu Beginn und am Ende des Romans steht der Protagonist in Berlin) und die Intention (der Verweis auf das „Lohnenswerte" der Lektüre).

Der nun folgende Überblick über den Gang der Biberkopf-Handlung orientiert sich an der Einteilung des Romans in neun Bücher.

1. Buch (S. 13–S. 45)

Franz Biberkopf wird aus dem Gefängnis Berlin-Tegel entlassen, wo er wegen Körperverletzung mit Todesfolge an seiner ehemaligen Braut (Ida) gesessen hat. Mit der Straßenbahnlinie 41 fährt er nach Berlin hinein. Die neue Freiheit verunsichert ihn. Er hat das Gefühl, die Dächer rutschten von den Häusern. Wie im Taumel zieht er über Hinterhöfe, singt die Häuserwände an. Schließlich wird er in einem Hausflur von einem Juden angesprochen, der ihn in die Wohnung eines zweiten Juden begleitet. Franz scheint am Ende seiner Kräfte zu sein und zu kollabieren. Dem auf dem Boden sich krümmenden Biberkopf erzählt der „Rote" zur Belehrung die Geschichte von Zannowich. Die Erzählung des Juden schlägt Biberkopf in den Bann, er erholt sich, dankt den Juden für ihre Hilfe und begibt sich wieder ins Getümmel der Stadt. Ein Kinobesuch, Franz sieht einen Liebesfilm, löst in Biberkopf den Wunsch nach einer Frau aus. Zwei Prostituierte sucht er auf, doch wird seine auftretende Impotenz zu einer zweimaligen Niederlage für ihn. Er vegetiert vor sich hin. Dann sucht er Minna auf, die Schwester Idas. Minna lässt sich von Franz verführen. Mit der wiedergewonnenen Sexualkraft kommen Franz Biberkopfs Selbstsicherheit und Glücksgefühle zurück. Abermals sucht er die Juden auf, bedankt sich noch einmal für deren Hilfe, schlägt deren Warnungen, das Schicksal könne ihn wieder treffen, in den Wind. Er schwört sich und der Welt, anständig zu bleiben. Als ihm sein Geld ausgeht, will er es der Welt erst recht beweisen.

2. Buch (S. 47–S. 104)
Mit seiner neuen Freundin Lina zieht Biberkopf durch Berlin. Um seinen Lebensunterhalt zu verdienen, versucht er sich als ambulanter Händler, verkauft schließlich „völkische Zeitungen" (S. 82). Die Warnungen seines Freundes Meck, sich nicht zu isolieren, beachtet Franz ebenso wenig wie die Warnungen der Juden. In einer Kneipe gerät Franz, der jetzt die Hakenkreuzbinde trägt, in eine Konfrontation mit Kommunisten, die drohende Schlägerei wird durch den Wirt im letzten Moment verhindert. Biberkopf („... fast zwei Zentner schwer. Er ist stark wie eine Kobraschlange und wieder Mitglied eines Athletenklubs. Er trägt grüne Wickelgamaschen, Nagelschuh und Windjacke.", S. 98) lebt mit Lina, die sich Hoffnungen auf eine baldige Verlobung mit Biberkopf macht, in den Tag hinein.

3. Buch (S. 105–S. 120)

Durch Lina lernt Biberkopf deren Onkel Otto Lüders kennen. Bei einem Kneipengespräch erzählt Biberkopf, der
zwischenzeitlich mit Kurzwaren handelt, von einem Verhältnis zu einer Witwe, die er beim Schnürsenkelverkauf kennen gelernt hat. Seine Ware hat er bei der Witwe gelassen,
von ihr für das amouröse Verhältnis finanziell entlohnt. Lüders sucht die Witwe auf, verlangt von ihr die Herausgabe
von Biberkopfs Ware, bedroht und bestiehlt sie. Als Franz
erneut zur Witwe geht, bleibt ihm die Tür verschlossen.
Durch eine briefliche Nachricht erkennt er den Betrug von
Lüders'. Als er merkt, wie ihm mitgespielt worden ist,
bricht er zusammen. Er verkauft seine Sachen und ver-
schwindet. Gemeinsam mit Lina entdeckt Biberkopfs Freund
Meck den Betrug Lüders' an Biberkopf und verprügelt Lüders. Der erzählt Meck, Biberkopf wohne nur wenige Schritt
von seiner alten Wohnung entfernt, doch als Meck Biberkopf besuchen will, ist dieser schon wieder verschwunden,
untergetaucht in der Großstadt Berlin. Trotz allen Suchens
können Meck und Lina Franz Biberkopf nicht finden.

4. Buch (S. 121–S. 162)

In seiner neuen „Bude" macht Biberkopf tagelang nichts anderes als „rumliegen (...), und nichts als trinken und dösen und
dösen!"(S. 128) Erneut sucht er die Juden auf, spricht mit ihnen, bekommt keinen Rat, will wohl auch keinen mehr an-
nehmen. Fast zwei Monate lang lebt er dumpf in seiner Kammer vor sich hin, verwahrlost zusehends. Eines Nachts wird
er von einem Geräusch geweckt und sieht eine Bande, die
bei der Großhandelsfirma im Hof einbricht. Gerner, der
Hausverwalter, wird von der Polizei nach einem abermaligen
Diebstahl als Komplize der Ganoven verhaftet. Als Biberkopf

die Verhaftung beobachtet, verlässt er seine Wohnung erstmalig wieder und will Minna aufsuchen. Doch Minnas Ehemann Karl verwehrt Biberkopf den Zutritt zur Wohnung.

5. Buch (S. 163–S. 213)
Biberkopf verkauft Zeitungen am Alexanderplatz. Er trifft Meck wieder, der ihn in eine Kneipe mitnimmt. Dort lernt Biberkopf Pums kennen, der angeblich mit Obst handelt, und den „Gelben", den „Hauptmacher", wie Meck ihn nennt (S. 177). Mehrmals treffen sich Franz Biberkopf und Reinhold („der Gelbe" – er hat ein hohes, gelbliches Gesicht und trägt bei der ersten Begegnung gelbe Stiefel, siehe S. 177) in der Kneipe. Reinhold macht einen schüchternen, ja fast hilflosen Eindruck auf Franz Biberkopf. Er sieht schwindsüchtig aus, wirkt traurig und stottert. Eines Abends überredet Reinhold Biberkopf, ihm in einer Frauensache aus der Klemme zu helfen. Reinhold will eine Frau loswerden, Biberkopf soll sie übernehmen , weil es Reinhold so schwer fällt, sich von den Frauen zu trennen. Biberkopf willigt ein. Schon am nächsten Mittag erscheint Fränze bei Biberkopf und bringt auch noch eine Belohnung (neue Stiefel) für Biberkopf mit. Schon bald will Reinhold die nächste Frau (Cilly) loswerden; Franz trennt sich von Fränze und übernimmt Cilly von Reinhold. Sein Lohn: ein Pelzkragen. Als sich andeutet, dass Reinhold der nächsten Freundin bereits überdrüssig geworden ist, spricht Franz mit Reinhold über den „Mädchenhandel". Franz rät Reinhold, Trude, seine momentane Freundin, zu behalten. Er zieht sich allerdings den Hass von Reinhold zu, als er, gemeinsam mit Trude und Cilly, die neue Liebschaft Reinholds vor diesem warnt. Während eines Kneipenabends mit Meck wird Biberkopf von Meck darauf hingewiesen, dass Pums nach einem Ersatzmann für sein

Obstgeschäft sucht. Auch Reinhold kommt in die Kneipe, und als er sagt, er mache auch bei dem Obstgeschäft mit, will Franz – trotz einiger Zweifel – überlegen, ob er nicht in das Geschäft einsteigt. Bei einem späteren Gespräch zwischen Franz und Pums wird Biberkopf dazu gebracht, bei der „Obstaktion" mitzumachen. Als er sieht, dass Reinhold auch dabei ist, sind seine letzten Zweifel beseitigt, denn immer noch bewundert er Reinhold blind. Biberkopf lernt einen anderen Reinhold kennen. Einen Reinhold, der nicht stottert, der in straffer Haltung im Wagen sitzt, sogar lachen kann und Befehle erteilt. Als Franz endlich merkt, dass er in einen Einbruch verwickelt worden ist, bei dem er Schmiere stehen muss, ist es zu spät, vom Tatort zu fliehen, zumal er mit Gewalt und Drohungen am Tatort gehalten wird. Auf der Rückfahrt werden die Ganoven von einem Wagen verfolgt. Reinhold verdächtigt Franz, sie verraten zu haben. Mit Hilfe seiner Kumpane wirft er Franz aus dem fahrenden Wagen. Franz Biberkopf wird vom Verfolgerauto überrollt, die Ganoven können entkommen.

6. Buch (S. 215–S. 300)
Reinhold fühlt sich nach der Tat wie befreit und nimmt an, dass Biberkopf tot ist. Biberkopf jedoch wird in einer Magdeburger Klinik operiert, ihm wird der rechte Arm abgenommen. Franz Biberkopf, trotz der Schwere der Verletzungen noch bei Bewusstsein, hatte den Männern, die ihn von der Straße aufhoben und ins Krankenhaus nach Pankow bringen wollten, die Adresse eines Bekannten gegeben, Herbert Wischow. Herbert und seine Freundin Eva sorgten dann für die Einlieferung in die Magdeburger Klinik.
Nach einem vierzehntägigen Aufenthalt in der Klinik, für den Herbert und Eva finanziell aufkommen, holen sie Franz

Biberkopf zurück nach Berlin. Zwar bekommen Herbert, Emil, ein Freund Herberts, und Eva bald heraus, dass Biberkopfs Verletzung etwas mit der Pums-Kolonne zu tun hat, Franz weigert sich jedoch, den genauen Hergang des Vorfalls zu schildern. Auch die Pums-Kolonne, die in Geld schwimmt, bleibt aktiv in Sachen Biberkopf. Man fürchtet, dass Biberkopf, von dem inzwischen klar ist, dass er noch lebt, sie verraten wird. Reinhold schlägt vor, Biberkopf totzuschlagen. Doch die Gruppe entscheidet sich dafür, Franz Biberkopf mit einem Geldbetrag zum Schweigen zu bringen. Als Schreiber, ein Mitglied der Bande, Biberkopf aufsucht und das Geld aus der Tasche ziehen will, glaubt Eva, Biberkopf solle erschossen werden. Schreiber flieht, als Eva um Hilfe schreit und Franz Biberkopf nach einem Stuhl greift, um auf Schreiber einzuschlagen. Eva und Herbert brechen nach Zoppot auf, wo sich Eva von einem Freier aushalten lässt. Währenddessen streift Franz Biberkopf wieder durch Berlin. Er trifft Meck, beschließt, sein Leben wieder selbst zu organisieren (das Geld und die Wohnung, die Eva und Herbert ihm überlassen haben, will er möglichst nicht in Anspruch nehmen). Franz gibt schließlich seinen Vorsatz, anständig zu bleiben, auf („Komisch, ich muss nen Zuchthausknall gehabt haben, Manoli links rum. Geld her, Geld verdient, Geld braucht der Mensch.", S. 253). Er schlägt wieder die kriminelle „Karriere" ein. Franz trennt sich von seinen alten Kleidern, besorgt sich eine neue Identität (falsche Papiere auf den Namen Franz Räcker), trägt jetzt einen feinen Sommeranzug, Hosen mit Bügelfalten, Handschuhe, einen runden Hut, und er steckt ab und an sein Eisernes Kreuz an die Jacke. Eva und Herbert kehren nach Berlin zurück (Evas Freier ist um 5000 Mark und seine goldene Uhr erleichtert worden) und feiern das Wiedersehen mit dem verwandelten Franz Biberkopf. Eva besorgt Franz ein Mädchen, das Emilie Parsunke heißt, gerne Sonja genannt werden möchte, von Franz Biberkopf aber Mieze gerufen wird. Es kommt zu einer kurzen, heftigen, intimen Beziehung zwischen Eva und Franz Biberkopf, bei der Biberkopf von Eva eine Erklärung für die Briefe, die Mieze erhält: Mieze lässt sich, wie Eva auch, von Freiern aushalten, damit Franz nicht arbeiten gehen muss. Franz Biberkopf besucht Diskussions- und Agitationsveranstaltungen in Berlin, ohne jedoch einen wirklichen Zugang zur Politik zu finden. Ansonsten genießt er das Leben mit Mieze, die Eva eines Tages gesteht, dass sie ein Kind von Franz Biberkopf haben will. Immer wieder kommt es bei Biberkopf zu emotionalen Einbrüchen, er hält sich für einen minderwertigen Krüppel, säuft und ergeht sich in Selbstmitleid. Biberkopf entschließt sich, Reinhold aufzusuchen. Der glaubt, Biberkopf wolle ihn töten, merkt aber bald, dass der sentimentale Biberkopf ein ihm gefügiges Gegenüber ist. Er stopft den leeren Jackenärmel des angetrunkenen und zitternden Franz Biberkopf mit Strümpfen aus und demütigt Franz, der die Wohnung Reinholds fluchtartig verlässt. Später kommen ihm Zweifel, ob es richtig war, zu Reinhold zu gehen. Schließlich sucht er ihn jedoch erneut auf, signalisiert ihm, wieder bei Pums dabei sein zu wollen, und erzählt von seinem Glück mit Mieze. Reinhold nimmt sich vor, Franz Mieze wegzunehmen.

7. Buch (S. 301–S. 354)

Eva und Herbert sind froh, dass Franz Biberkopf nicht mehr zu politischen Veranstaltungen geht, machen sich nun aber Sorgen darüber, dass er wieder Kontakt zu Pums aufgenommen hat. Sie vermuten, dass Franz dort mitmachen will, um sich an den Pums-Leuten zu rächen.

Auch Reinhold glaubt immer noch, dass sich Franz an ihm rächen will, ist sich aber sicher, mit ihm fertig zu werden, und willigt ein, dass Franz bei den Pums-Leuten mitmachen kann. Als Anteil für seine Beteiligung an einem Einbruch in ein Konfektionsgeschäft erhält Franz Biberkopf von Pums 200 Mark, die er stolz Mieze zeigt. Mieze ist entsetzt, sie weint und bittet Franz, sein Verbrecherleben aufzugeben. Sie will für ihn aufkommen, er soll nicht arbeiten gehen müssen. Reinhold nutzt die Abwesenheit von Franz Biberkopf aus und geht zu Mieze. Er erzählt Mieze vom Frauenhandel mit Franz; die verunsicherte Mieze spricht weder mit Eva und Herbert noch mit Franz über diesen Besuch. Sie meint vielmehr, durch Kontakte zu den Pums-Leuten Franz helfen zu können.

Franz prahlt bei einem Gespräch mit Reinhold von seiner Mieze, will ihm Mieze vorführen und überredet Reinhold, mit in die Wohnung zu kommen, um – unbemerkt im Bett liegend – ihn und Mieze zu beobachten. Die geplante „Vorführung" Miezes endet in einem Fiasko. Mieze gesteht Franz, dass sie sich in einen Freier verliebt hat. Vor den Augen Reinholds schlägt Biberkopf Mieze fast tot, getrieben von Eifersucht und aus Scham, sich vor Reinhold so zu blamieren. Franz und Mieze versöhnen sich wieder. Über den Klempner Matter nimmt Mieze Kontakt zur Pums-Kolonne auf. An einem Augustnachmittag trifft sie sich mit Matter und Reinhold, ohne Franz etwas davon gesagt zu haben. Am 1. September 1928 wiederholen sie den Ausflug. Am Abend gehen Reinhold und Mieze im Wald spazieren. Mieze hofft, von Reinhold etwas über die Beziehung zwischen Franz, der Pums-Kolonne und Reinhold zu erfahren. Doch Reinhold speist sie mit belanglosen Informationen ab. Als Reinhold zudringlich wird, wehrt sich Mieze. Sie will zurück zum

Wagen, Reinhold hindert sie mit roher Gewalt, sagt ihr schließlich, dass er es war, der Franz aus dem Auto geworfen hat, und ermordet sie. Gemeinsam mit Matter kehrt er an den Tatort zurück. Sie vergraben Miezes Leiche im Wald.

8. Buch (S. 355–S. 410)

Franz ist zunächst verunsichert, als Mieze nicht erscheint, glaubt aber immer noch, sie sei weggefahren und werde schon wiederkommen. Eva hat das Gefühl, dass Mieze etwas Schreckliches passiert ist. Sie gesteht Biberkopf, dass sie ein Kind von ihm im Leib hat und es behalten will. Herbert will sie erzählen, es sei von ihm. Matter, der sich zeitweilig außerhalb Berlins versteckt hat, kommt in die Stadt zurück, verrät jedoch Franz nicht, dass Mieze tot ist. Als ein Einbruch der Pums-Kolonne scheitert, weil Matter aufgrund einer Verbrennung den Tresor nicht öffnen kann, kommt es zum Streit unter den Pums-Leuten. Alle geben Matter die Schuld am Misserfolg der Aktion. Im Streit trennt sich Matter von der Pums-Kolonne und macht sich als Einbrecher selbstständig. Als er bei einem Bruch gefasst wird, glaubt er, Reinhold habe ihn verraten. Zunächst behaupten Matter und sein Kompagnon, Reinhold sei Komplize bei dem Bruch gewesen. Reinhold wird verhört und wieder entlassen. Um sich an Reinhold zu rächen und sich einen Vorteil bei Gericht zu verschaffen, verrät Matter der Polizei die Stelle im Wald, an der er und Reinhold Mieze vergraben haben. Doch die Leiche wird an der ursprünglichen Stelle nicht gefunden. Matter belastet Reinhold. Zwei Tage später entdeckt die Polizei einen Koffer, in dem sich die Leiche Miezes befindet. Zwei Gärtnereigehilfen haben einen Mann gesehen, der einen schweren Koffer durch den Wald geschleppt hat. Die Beschreibung des Mannes passt auf Reinhold. Der hat nach dem Verhör gemerkt, dass Gefahr im Verzuge ist. Er will den Verdacht auf Franz lenken und bringt ihn, mit dem Hinweis, Matter wolle alle Mitglieder der Pums-Kolonne verraten, dazu, seine Sachen zu packen und zu fliehen. Eva versteckt Franz in Wilmersdorf. Eines Tages erscheint Eva mit einer Zeitung. Die Bilder von Reinhold und Franz sind zu sehen: Beide werden als Mörder Miezes gesucht. Franz versteht nicht, was da vorgegangen ist. Er entschließt sich endlich, Herbert und Eva die Wahrheit über den Verlust seines Armes zu sagen. Er weint voller Verzweiflung über den Verlust Miezes und sein Unglück. Franz sucht das Gefängnis Tegel auf. Er steht vor den Mauern, die zu zittern und zu schwanken scheinen. Er sucht Miezes Grab auf dem Friedhof, wirft sich vor Verzweiflung auf die Erde; jagt tagelang mit Herbert hinter Reinhold her, ohne ihn jedoch zu fassen zu kriegen.

Er beobachtet das Haus Reinholds, der aber nicht erscheint. Biberkopf zündet das Haus Reinholds an. Franz Biberkopf zieht durch die Berliner Kneipen. Er gerät in eine Razzia, schießt auf einen Polizisten, wird verhaftet. Seine wahre Identität wird entdeckt.

9. Buch (S. 411–S. 455)

Derweil sitzt Reinhold bereits im Gefängnis. Er hat sich, um seiner Entdeckung zu entgehen, unter falschem Namen wegen eines kleineren Deliktes einsperren lassen, als er die Fahndungsplakate wegen des Mordes an Mieze gesehen hat. In einer Mischung aus „Wut und Verlassenheit und Ärger über sein Schicksal" (S. 417) erzählt Reinhold einem anderen Gefängnisinsassen, der kurz vor der Entlassung steht und Konrad heißt, die Biberkopf-Geschichte. Konrad, aus dem Gefängnis entlassen, erzählt einem Freund von

Reinhold. Um die Belohnung zu kassieren, zeigt dieser Freund Konrads Reinhold bei der Polizei an. Reinholds Identität wird aufgedeckt, er wird als einer der möglichen Mörder Miezes verhaftet. Vom Polizeigefängnis ist Franz Biberkopf, der die Nahrungsaufnahme verweigert und mittels einer Sonde Nahrung zugeführt bekommt, in die Irrenanstalt Buch verlegt worden. Hier kann er sich gegen die Zwangsernährung zwar nicht wehren, würgt die Speisen aber immer wieder aus, so dass er abmagert, schwächer wird und dem Tod nahe kommt. In Bewusstlosigkeit dämmert er dahin. Der Tod tritt an sein Bett und hält Zwiesprache mit ihm. Der Tod wirft ihm vor, alles falsch gemacht zu haben, die Warnungen nicht gesehen zu haben, sich vor der Welt verschlossen zu haben, seine Freunde, besonders Mieze, durch seine Prahlerei verraten zu haben. Franz beginnt wieder zu essen. Franz „spricht" mit Lüders, Reinhold, Ida und Mieze. Er gesteht seine Schuld und sein Versagen ein. Ganz gibt er sich dem Schmerz hin, wirft jeglichen Hochmut ab, wartet auf das Erscheinen des Todes. Der Tod vertreibt die „Hure Babylon", die große Verführerin Franzens. Der „alte" Biberkopf stirbt, ein „neuer" Biberkopf erwacht. Er beginnt wieder zu sprechen, beteuert seine Unschuld am Tod Miezes. Sein Alibi bestätigt sich. Die Mediziner diagnostizieren ein „psychisches Trauma, anschließend eine Art Dämmerzustand" (S. 445). Die Schießerei wird unter Paragraph 51 abgehakt. Franz wird entlassen. Wieder geht er durch Berlin, heißt jetzt Franz Karl Biberkopf. Er sucht Herbert und Eva. Herbert ist im Gefängnis. Franz trifft Eva, die ihn aufnimmt, aber nicht mehr seine Geliebte sein will. Das Kind hat sie verloren. Gemeinsam besuchen Franz und Eva Miezes Grab. Beim Prozess gegen Reinhold sagt Franz aus, ohne ihn besonders zu belasten. Reinhold wird wegen Totschlags zu zehn Jahren Zuchthaus verurteilt. Franz Karl Biberkopf bekommt eine Stelle als Hilfsportier in einer Fabrik.

2.3 Aufbau

2.3.1 Zur Rolle des Erzählers

Bereits im Prolog offenbart sich der souveräne, **auktoriale Erzähler**[20], der den Stoff organisiert und seine Figuren und den Rezipienten bei der Hand nimmt und durch den Roman führt. Kommunikative Nähe zum Rezipienten stellt der Erzähler bereits im Prolog her, wenn er von Biberkopf als „unser guter Mann" spricht" oder wenn es heißt: „Wir sehen am Schluss den Mann wieder am Alexanderplatz stehen (...)."(S. 11)

Der auktoriale Erzähler

Zudem betont der Prolog den didaktischen Wert der Lektüre („Dies zu betrachten und zu hören wird sich für viele lohnen (...)", S. 12), vermittelt also einen Leseanreiz, indem er auf die Intention der „Geschichte" verweist (man kann eine Lehre daraus ziehen). Immer wieder wendet sich der Erzähler direkt an den Leser und verkündet ihm, was er „sehen" wird, so etwa in den „Zusammenfassungen" vor dem 2., 4. und 6. Buch („Ihr werdet sehen, wie er wochenlang anständig ist.", S. 47/„Ihr werdet den Mann hier saufen sehen und sich fast verloren geben.", S. 121/„Jetzt seht ihr Franz Biberkopf nicht saufen und sich verstecken.", S. 215), aber auch innerhalb des Gangs der Biberkopf-Geschichte selbst („Jetzt werdet ihr Franz sehen, nicht wie er allein tanzt und sich sättigt und sich seines Lebens freut (...)", S. 299/„Hart und steinern werdet ihr ihn bis zuletzt sehen (...).", S. 414) Dieser Zeigegestus des Erzählers erinnert „stark an einen Jahrmarktsausschreier oder Bänkelsänger, der mit dem Zeigestab auf seine Sensationsfiguren hindeutet."[21]

Kommunikation mit dem Leser

---

20 Der Erzähler des Prologs hält allerdings auch Informationen zurück und macht teilweise recht vage Angaben (etwa über die Schicksalsschläge, die Biberkopf treffen).
21 H. Schwimmer, vgl. auch Bekes, S. 30

Nähe zum Leser

Vertraulichkeit und Nähe zum Rezipienten stellt der Erzähler durch die häufige Verwendung von Personal- und Possessivpronomina der 1. Person Plural her[22] (unser Franz, unserer Franzeken, unser Biberkopf, unser Mann) und durch etliche Rezeptionsangebote, die er im Text macht und die teilweise den didaktischen Wert der Lektüre betonen oder – sein Schreiben selbstreflexiv begleitend – begründen, warum er so umfänglich erzählt: „Wir sind am Ende dieser Geschichte. Sie ist lang geworden, aber sie musste sich dehnen und immer mehr dehnen, bis sie jenen Höhepunkt erreichte, den Umschlagspunkt, von dem erst Licht auf

Deutungshinweise

das Ganze fällt."(S. 453) Rezeptionsangebote und Deutungshinweise finden sich besonders häufig in den Kapitelüberschriften, die teilweise den Inhalt des folgenden Kapitels vorwegnehmend zusammenfassen („Schwunghafter Mädchenhandel", S. 178), Zeit- oder Ortsangaben machen („Sonntag, den 8. April 1928") und auch wertende Hinweise enthalten („Franz hat einen **verheerenden** Entschluss gefasst. Er merkt nicht, dass er sich in die Brennnesseln setzt.", S. 192/Hervorhebung d. mich, B. M.), kommentieren („Unrecht Gut gedeihet gut.", S. 217) oder prophetisch-warnenden Charakter haben („Denn es geht dem Menschen wie dem Vieh; wie dies stirbt, so stirbt er auch", S. 136).[23]
Auch an seine Figuren, besonders häufig natürlich an Biberkopf, wendet sich der Erzähler immer wieder. Teilweise kommt es dabei sogar zu Dialogen zwischen dem Erzähler und der Figur:

---

22 Siehe die zahlreichen Beispiele in Schwimmer, S. 42 f.
23 „Denn es geht dem Menschen wie dem Vieh: Wie dies stirbt, so stirbt auch er (...)." Dieses Zitat aus dem „Prediger" (Prediger 3,19) hat leitmotivischen Charakter.

„Du hast geschworen, Franz Biberkopf, du willst anständig bleiben. (...) Und jetzt? Sitzst auf demselben Fleck, Ida heißt Mieze, der eine Arm ist dir ab, pass auf, du kommst auch noch ins Saufen, und alles fängt dann noch mal an, dann aber schlimmer, und dann ists aus. – Quatsch, kann ich dafür, hab ick mir dazu gedrängt, Lude zu sein? Quatsch, sage ich. (...)"
(S. 265)

Roland Links vergleicht den Erzähler von *Berlin Alexanderplatz* mit einem antiken „Rhapsoden", der das gesamte Geschehen überblickt und „wie ein Seher Prophezeiungen" ausspricht, ohne jedoch den Gang des Geschehens aufhalten oder gar verändern zu können, Helmut Schwimmer sieht in ihm einen souveränen „Regisseur", der mit seinen Figuren „arbeitet" und „Herr und Meister seines Materials" ist.[24]

2.3.2 Kompositionsstruktur

„Ich hatte keinen besonderen Stoff, aber das große Berlin umgab mich, und ich kannte den einzelnen Berliner, und so schrieb ich wie immer ohne Plan, ohne Richtlinien drauflos, ich konstruierte keine Fabel; die Linie war: das Schicksal, die Bewegung eines bisher gescheiterten Mannes. "[25]

Diese Äußerungen Alfred Döblins zu seiner Arbeit am Roman *Berlin Alexanderplatz* könnten den Eindruck entstehen lassen, Döblin habe mehr oder weniger wahllos und zufällig, lediglich der „Bewegung eines gescheiterten Mannes folgend", seine Biberkopf-Geschichte erzählt. Dies trifft aber nicht zu. Vielmehr zeichnet sich das Werk durch seine sym-

---

24 Vgl. R. Links, S. 123 u. H. Schwimmer, S. 122
25 A. Döblin, *Nachwort* zu einem Neudruck, in: Prangel, S. 46

metrische Struktur aus, die sich in der Gesamtkomposition nachweisen lässt.

Symmetrie der Struktur

Der Roman ist zunächst einmal unterteilt in den Prolog und neun Bücher. Diese wiederum sind von durchaus unterschiedlichem Umfang, weisen alle eine vorangestellte Zusammenfassung auf, eine Vorrede, und sind in zahlreiche Kapitel, die mit Überschriften versehen sind, unterteilt.[26] Bereits der Prolog gibt erste Hinweise zum Aufbau des Romans, wenn er davon spricht, dass Franz Biberkopf von drei Schicksalsschlägen getroffen wird und dass wir ihn zu Beginn und am Ende in Berlin sehen.

Schaut man sich den Roman darauf hin an, wie sich die Schicksalsschläge auf die neun Bücher verteilen, so wird ein bestimmtes Arrangement deutlich: Der erste Schicksalsschlag (der Betrug durch Lüders) trifft Biberkopf im 3. Buch; der zweite Schicksalsschlag (der Verlust des Arms) ereilt ihn im 5. Buch. Im 7. Buch „saust der Hammer" (S. 301) gegen Franz Biberkopf. Reinhold ermordet Mieze. Ein bereits nach dem ersten Schlag erkennbares Verhaltensmuster Biberkopfs wird dabei wiederholt und variiert: Franz lernt nichts aus dem Schicksalsschlag, so dass ihn der nächste, allerdings dann heftigere Schlag trifft. Dieses Muster und seine Wiederholung, Variation und Steigerung macht der Erzähler in den Zusammenfassungen der einzelnen Bücher deutlich:

3. Buch: „Hier erlebt Franz Biberkopf, der anständige, gutwillige den ersten Schlag. Er wird betrogen. Der Schlag sitzt." (S. 105)

---

26 Parallelen zu Brechts Technik der Episierung vermittels inhaltlicher Zusammenfassungen einzelner Bilder/Szenen drängen sich auf. Die Zusammenfassungen lenken durch ihre Vorwegnahme des Geschehenden das Interesse oftmals vom Ausgang (was passiert?) auf den Gang der Handlung (wie und warum passiert es so?).

5. Buch: „Jetzt fällt der erste schwere Streich auf ihn."
(S. 163)

7. Buch: „Hier saust der Hammer, der Hammer gegen Franz
Biberkopf." (S. 301)

Deutlich wird das steigernde Prinzip
durch die Wortwahl: Auf den ersten
„Schlag" folgt ein „schwerer Streich"

> Zuordnung der Schicksals-
> schläge zu den Büchern

(wir denken an Schwertstreich!), zuletzt „saust" (weitaus dy-
namischer als fallen) der „Hammer" auf ihn nieder. Der Zuordnung der Schicksalsschläge zu den Büchern 3, 5 und 7
entspricht die Zuordnung der Reaktionen Franz Biberkopfs
auf seine jeweilige Lage in den Büchern 2, 4, 6 und 8. Nach
seiner Entlassung aus Tegel, der Hilfe durch die Juden und
seiner Begegnung mit Minna (1. Buch) kommt Biberkopf
nach Berlin und will seinen Vorsatz, anständig zu bleiben,
in die Tat umsetzen. Biberkopf „steht jetzt vergnügt und
breitbeinig im Berliner Land."(Vorrede 2. Buch, S. 47). Nach
dem Schlag, der ihn durch Lüders trifft, folgt eine Phase der
Depression im 4. Buch: „Ihr werdet den Mann hier saufen
sehen und sich fast verloren geben."(Vorrede 4. Buch,
S. 121). Aber Biberkopf kommt wieder auf die Beine, lernt
jedoch aus dem Vorfall mit Lüders nichts. Aus dem Verlust
des Arms (5. Buch) lernt er wiederum nichts, sondern er
zieht daraus die fatale Konsequenz, stark zu sein. Er sonnt
sich zeitweilig in seinem Glück mit Mieze, gibt seinen Vorsatz auf, anständig zu sein. Er schlägt wieder die Verbrecherkarriere ein, drängt sich Reinhold auf, liefert sich diesem aus und wird Mitglied der Pumskolonne. Auch der
dritte Schlag, der ihn dann im 7. Buch trifft, bringt ihn nicht
zur Einsicht: „Es hat nichts genutzt. Es hat immer noch

nichts genutzt." (Vorrede 8. Buch, S. 355) Erst im 9. Buch, im Gespräch mit dem Tod, kommt Franz zur Einsicht und durchbricht somit sein Verhaltensmuster.

Rahmenfunktion des 1. und 9. Buches

Eingerahmt werden die Bücher 2–8 durch die Bücher 1 und 9. Im 1. Buch wird Biberkopf aus Tegel entlassen, steht in Berlin und muss sein Leben neu organisieren; im 9. Buch wird der (neue) Biberkopf aus der Irrenanstalt entlassen und muss sich erneut dem Leben stellen.

Man kann also die Bücher zu drei Gruppen zusammenfassen: Die Bücher 1 und 2 bilden einen Rahmen mit sich wiederholenden Situationen. Ebenso stehen die Bücher 3, 5 und 7 in einem Zusammenhang (sie zeigen die Schicksalsschläge). Die Bücher 2, 4, 6 und 8 demonstrieren die Reaktionen Franzens auf die Situationen, die Umwelt und die Schicksalsschläge, mit denen er konfrontiert ist (von den depressiven und lethargischen Zuständen zu Beginn bis zur Absicht, erst recht stark zu sein), und seine Unfähigkeit zur Einsicht.

Bedeutung des 5. Buches

Blickt man auf die Entwicklung Biberkopfs, so kann man dem 5. Buch eine besondere Bedeutung zusprechen. Vom ersten Schicksalsschlag hat sich Franz rasch erholt („Eine rasche Erholung (...)", Vorrede 5. Buch, S. 163). Im 5. Buch ist die erste Begegnung mit Reinhold angesiedelt, der ihm den zweiten und dritten Schicksalsschlag beibringen wird. Schon allein deshalb kommt dem Buch eine besondere Bedeutung zu. Zudem hat Biberkopf seinen Vorsatz, anständig zu bleiben, trotz aller Rückschläge noch nicht aufgegeben. Noch wehrt sich Biberkopf „tapfer und wild mit Händen und Füßen, aber es hilft nichts, es geht über ihn, er muss müssen." (Vorrede 5. Buch, S. 163) Auf sein unausweichliches Schicksal wird also besonders eindringlich hingewiesen („muss müssen").

Auf den zweiten Schicksalsschlag reagiert Franz nicht mit „saufen und sich verstecken", sondern jetzt hebt er „gegen die dunkle Macht die Faust." (Vorrede 6. Buch, S. 215) Er gibt seinen Vorsatz nach dem zweiten Schicksalsschlag auf und wird wieder Verbrecher. Insofern stellt der im 5. Buch angelegte zweite Schicksalsschlag einen Wendepunkt dar (sein Schicksal ist bereits endgültig besiegelt) bzw. bereitet eine Wende in der Reaktion des Protagonisten vor (wodurch sich sein Schicksal um so heftiger vollziehen wird).[27]

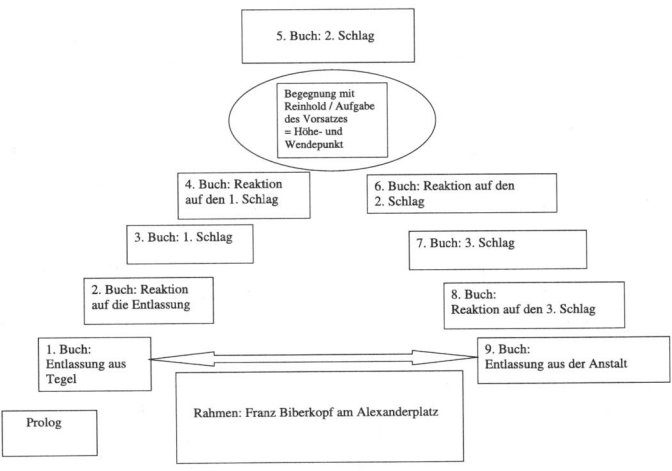

---

27 Die besondere Bedeutung des 5. Buches hat Helmut Schwimmer veranlasst, ein um das 5. Buch gruppierte Strukturschema zu entwickeln mit Entsprechungen zwischen den Büchern 1 und 9, 2 und 8, 3 und 7, 4 und 6 (vgl. Schwimmer, S. 70).

2.3.3 Zeit

Die Darstellung der Entwicklung des Protagonisten Franz Biberkopf ist nicht durchgängig linear gestaltet, sondern weist Vorgriffe und Rückblenden auf.[28] Fixpunkte stellen jedoch die Entlassung aus Tegel (1. Buch) und die Entlassung aus der Anstalt Buch (9. Buch) dar. Durch Zeitangaben des Erzählers und Äußerungen der Figuren lässt sich der Ablauf der Handlung in seiner zeitlichen Abfolge grob rekonstruieren.

Wann Franz Biberkopf aus Tegel entlassen wird, lässt sich nicht genau ermitteln. Zum Tag der Entlassung heißt es nur: „Gestern hatte er noch hinten auf den Äckern Kartoffeln geharkt (...)."(S. 15) Franz trägt allerdings noch seinen „gelben Sommermantel". (S. 21)

Nach dem Besuch der Prostituierten verfällt Biberkopf für drei Tage in Lethargie. „Und wie Mittwoch ist, der dritte Tag, zieht er sich den Rock an."(S. 37) Franz besucht Minna, sein (sexuelles) Erfolgserlebnis gibt ihm seine Stabilität wieder.

„Dann hat er sich vier Wochen lang den Bauch mit Fleisch, Kartoffeln und Bier vollgeschlagen und ist noch einmal zu den Juden nach der Dragonerstraße gegangen (...)."(S. 43) Biberkopfs Entlassung aus Tegel liegt nunmehr also knapp fünf Wochen zurück. Franz Biberkopf geht das Geld aus, und es folgen seine Suche nach Arbeit, die Bekanntschaft mit Lina, seine verschiedenen Tätigkeiten. Die Zeitangaben im Text geben in diesen Passagen immer nur kleine Zeiträume an, etwa: „Nach zwei Tagen ist es wärmer." (S. 68), ohne jedoch die Daten genau zu fixieren. Es ist bereits Dezember, als Biberkopf als Verkäufer „Völkischer Zeitungen" auf der Stra-

---

28 So wird etwa die Tötung Idas im 2. Buch geschildert.

ße steht (Schlagzeile einer Zeitung: „Dem deutschen Volke zum 1. Advent: Zertrümmert endlich (...)!", S. 82). Summiert man bis zu diesem Zeitpunkt die einzelnen im Text angegeben Zeitspannen, kann angenommen werden, dass seit der Entlassung etwa 2–3 Monate vergangen sind. Mithin liegt das Datum der Entlassung im Spätsommer oder zu Beginn des Herbstes 1927. Das 3. Buch beginnt mit einer Zeitangabe, die eine ungefähre Fixierung ermöglicht. „Da Weihnachten dran ist (...)". Biberkopf verkauft Kurzwaren. In diesen Zeitraum fällt Franzens Erlebnis mit der Witwe, von dem er eines Tages Lüders erzählt („Einmal kommt Franz Biberkopf in die Kneipe (...)", S. 107) Nach dem Betrug durch Lüders hockt Biberkopf wochenlang in seiner Kammer (vgl. S. 143). Eine Zeitangabe weist darauf hin, dass sich diese Phase bis in den Februar 1928 hinzieht: „In den Februar hinein säuft Franz Biberkopf in seinem Widerwillen gegen die Welt (...)" (S.148). Aber am 9. Februar 1928 (vgl. S. 172) steht Biberkopf wieder am Alexanderplatz. Zwei Monate später, im April 1928, kommt es zum Gespräch mit Reinhold über den Mädchenhandel. Sind die Zeitangaben bis hierhin überwiegend ohne genaue Datumsangabe, lässt sich der zweite Schicksalsschlag zeitlich exakt ermitteln. Am Abend des 8. April 1928, (ein Sonntag, siehe S. 198) sucht Cilly nach Franz, der nicht zurückgekehrt ist. Während Cilly noch nach ihm sucht, hat Reinhold Franz bereits aus dem Auto geworfen: „Es war dreiviertel 10. Ein furchtbarer Sonntag. Um diese Zeit lag Franz schon in einer andern Stadtgegend auf dem Boden, den Kopf im Rinnstein, die Beine auf dem Trottoir."(S. 201)[29] In der Nacht zwischen dem 8. und dem 9. April (siehe S. 222) wird Franz in die Magdeburger Klinik

---

29 Um 8.00 Uhr (abends) war die Fahrt der Pumskolonne losgegangen (vgl. S. 208). Der Mordversuch Reinholds ereignet sich also zwischen 20. 00 Uhr und 21. 45 Uhr.

eingeliefert. Am Mittag des 9. April besucht Herbert bereits Franz, auch Eva erscheint im Krankenhaus (14.00 Uhr, siehe S. 223 f.). Zwei Wochen später wird Franz aus dem Krankenhaus entlassen (siehe S. 224).

Ende Mai kommt es dann zum Vorfall mit dem Geldboten der Pumskolonne (siehe S. 233 f.). Es wird Juni, Herbert und Eva brechen mit dem Freier Evas zu Beginn des Sommers nach Zoppot auf, Biberkopf streift wieder durch Berlin und schlägt seine Verbrecherkarriere ein ("Jetzt seht ihr Franz Biberkopf als einen Hehler, einen Verbrecher, der andere Mensch hat einen andern Beruf. (...) Im Juni ist das passiert. Im wunderschönen Monat Juni hat sich der Schmetterling entwickelt, nachdem er seine Verpuppung hinter sich hatte."(S. 253 f.)

Am 4. Juli (siehe S. 255) kommt es zum Wiedersehen zwischen Franz, Herbert und Eva. Und Franz lernt Mieze kennen. Es folgen einige Wochen des Glücks mit Mieze, die erneute Kontaktaufnahme mit Reinhold, Franzens Demütigung durch Reinhold und – im September – Biberkopfs Teilnahme am Einbruch der Pumskolonne in das Konfektionsgeschäft (Zeitangabe: "Also es ist Anfang September (...)", S. 317). Am 29. August (siehe S. 338) trifft sich Mieze erstmalig mit dem Klempner und Reinhold (Biberkopf hat sie gesagt, sie sei mit ihrem Freier unterwegs). Auf Sonnabend, den 1. September 1928 (siehe S. 344), wird vom Erzähler die Ermordung Miezes durch Reinhold datiert.[30]

Drei Wochen verharrt Biberkopf in untätigem Warten auf die Rückkehr Miezes ("Franz, willst Du nicht endlich was machen? Jetzt sind drei Wochen rum (...).", S. 363). Anfang

---

30 Mehrfach kommt es im Roman bei den zeitlichen Angaben zu Überschneidungen und/oder Ungenauigkeiten.

Oktober (siehe S. 372) erfolgt das Verhör Reinholds wegen seiner angeblichen Beteiligung am Einbruch des Klempners Karl und die Entdeckung der Leiche Miezes. Im November (siehe S. 391) streifen Herbert und Franz durch Berlin, um Reinhold zu finden. Noch im November wird Franz bei einer Razzia verhaftet. Es folgen für Franz Biberkopf die Wochen im Gefängnis und in der Irrenanstalt Buch, aus der er, hier ist die Zeitangabe wiederum recht vage, im „Winter 1928–29" (S. 442) entlassen wird. Das Schicksal Franz Biberkopfs umgreift somit eine Zeitspanne von etwa 18 Monaten (Spätsommer/Herbst 1927 bis Winter 1928/29). Sind die Zeitangaben zunächst recht ungenau, geben manchmal nur die Monatsdaten an oder vermitteln Zeitsprünge (Technik der Zeitraffung), so werden zwei Ereignisse, die von besonderer Bedeutung sind, zeitlich genau bestimmt: der Verlust des Arms (8. April 1928) und die Ermordung Miezes (1. September 1928). Danach werden die Zeitangaben wieder unpräziser.

Eingebettet ist der zeitliche Verlauf der Biberkopf-Handlung in Orientierungsdaten, die durch historische, politische oder gesellschaftliche Ereignisse bestimmt sind und im Text immer wieder auftauchen („Der Graf Zeppelin kommt

„Orientierungsdaten" und ihre Funktion

bei unsichtigem Wetter über Berlin an, sternklar ist der Himmel, als er 2,17 Friedrichshafen verlässt.", S. 391).

Diese Zeitangaben, die einerseits einen panorama-artigen Überblick über den zeitgeschichtlichen Abschnitt verschaffen, in dem sich die Biberkopf-Geschichte vollzieht, andererseits auch zur zeitlichen Gliederung des Erzählten dienen, nehmen dieser Geschichte etwas von ihrer Fiktionalität, scheinen die Faktizität des Geschilderten unterstreichen zu wollen. Sie verschaffen dem Nachdruck, was der

Erzähler im Prolog sagt: „Dies Buch **berichtet** von einem ehemaligen Zement- und Transportarbeiter Franz Biberkopf in Berlin."(S. 11, Hervorhebung d. mich, B. M.)[31] Diese Zeitangaben, verbunden mit dem Auftauchen „realer" zeitgeschichtlicher Personen, die neben dem Personal der Handlung stehen und die fiktiven Personen mit dem realgeschichtlichen Kontext verknüpfen, heben die Allgemeingültigkeit der erzählten „Geschichte" hervor. Sie unterstreichen den didaktischen Anspruch des Erzählers, der fordert, dass wir aus Biberkopfs Schicksal etwas lernen sollen: „Aber es ist kein beliebiger Mann, dieser Franz Biberkopf. Ich habe ihn hergerufen zu keinem Spiel, sondern zum Erleben seines schweren, wahren und aufhellenden Daseins."(Vorrede 2. Buch, S. 47)

Aufs Ganze gesehen ist die Biberkopf-Geschichte durch eine

Erzählzeit und erzählte Zeit

starke **Zeitraffung** bestimmt, denn die erzählte Zeit (etwa eineinhalb Jahre) ist weitaus umfangreicher als die Erzählzeit. Diese Zeitraffung wird durch kleinere (**Schrittraffung**) und größere Zeitsprünge (**Sprungraffung**) ermöglicht. Es kommt in *Berlin Alexanderplatz* allerdings auch zur **Zeitdehnung**. Das herausgehobenste Beispiel für die Zeitdehnung ist die Schilderung der Tötung Idas, deren Darstellung insgesamt gut zwei Seiten einnimmt und Ausführungen über das erste und zweite Newton'sche Gesetz und medizinische Erklärungen enthält und an die sich ein Exkurs in die griechische Mythologie anschließt (siehe S. 99 ff.).

Neben der Zeit als Ordnungsfaktor (Chronologie der Biberkopf-Handlung) und dem erzähltechnischen Umgang mit der

---

31 Das Verb „berichten" betont (im Gegensatz zum ja auch möglichen Verb „erzählen") den Anspruch auf Faktizität des Geschilderten. Diese Faktizität wird u. a. auch durch die zahlreichen Wetter- und Temperaturangaben unterstrichen.

Zeit (Zeitraffung und Zeitdehnung) gibt es in *Berlin Alexanderplatz* Zeithinweise, die zwar mit der Handlung verknüpft sind, diese

Zeit als Motiv

aber ins Exemplarische heben, so etwa die Stellen aus dem „Prediger". Mit dem Auftauchen Reinholds wird diese Dimension der Zeit durch das leitmotivisch fungierende Volkslied vom Schnitter Tod ins Bewusstsein des Rezipienten gehoben. Verdichtet (besonders häufig) tauchen diese Zeitverweise in den letzten Büchern des Romans auf, so etwa im Zusammenhang mit der Ermordung Miezes im 7. Buch. Neben ihrer verknüpfenden (leitmotivischen) Funktion haben diese Zeitangaben Verweischarakter: Sie kündigen drohendes Unheil an, eröffnen einen metaphysischen (um nicht zu sagen einen religiösen) Horizont und verweisen auf das Vergängliche allen irdischen Lebens. Dafür steht das Schicksal Biberkopfs als Beispiel.

2.3.4 Assoziationen und Leitmotive

Der Roman wird nicht nur durch seine Unterteilung in Bücher gegliedert, sondern weist auch eine „innere" Struktur auf, die durch Assoziationen und Leitmotive gekennzeichnet ist. Immer wieder (besonders häufig im inneren Monolog) tauchen solche Assoziationen auf, drängt sich Unbewusstes in die Gedankenwelt der Figuren, beeinflusst oder bestimmt ihr Handeln, Verhalten oder ihre Gefühle. Dies macht deutlich, wie unsouverän die Figuren letztlich sind, wie stark sie bestimmt werden von Vorgängen und wie stark sie geprägt werden von Erlebnissen, deren (seelische) Aus- und Nachwirkungen verborgen in ihnen schlummern, wie Vergangenes in Gegenwärtiges einbricht und die Figuren einholt.

Daneben ist hinzuweisen auf Assoziationen des Erzählers. Beide Assoziationsebenen lösen wiederum Assoziationen

beim Rezipienten aus.[32] Zunächst ein Beispiel für eine Assoziation einer Figur:

Assoziationen der Figuren

Während Franz – direkt nach der
Entlassung aus Tegel – die Rosentha-
ler Straße entlanggeht und in die Sophienstraße einbiegt,
schieben sich Versatzstücke aus der Gefängnisordnung in
sein Bewusstsein:

> *„Er wanderte die Rosenthaler Straße am Warenhaus Wertheim
> vorbei, nach rechts bog er ein in die schmale Sophienstraße. Er
> dachte, diese Straße ist dunkler, wo es dunkel ist, wird es
> besser sein. Die Gefangenen werden in Einzelhaft, Zellenhaft
> und Gemeinschaftshaft untergebracht. Bei Einzelhaft wird der
> Gefangene bei Tag und Nacht unausgesetzt von andern Gefan-
> genen gesondert gehalten."* (S. 16)

Franz Biberkopf ist verunsichert. Er verlässt die belebte Ro-
senthaler Straße und biegt in die kleinere Sophienstraße ein.
Vor den Menschen „flieht" er in die Dunkelheit der kleinen
Seitenstraße. Die Lichtverhältnisse (Dunkelheit → „wo es dunkel ist, wird es besser sein") rufen nun die Erinnerung an die
Gefängniszeit wach (die Dunkelheit der Zellen), die – im Bewusstsein Biberkopfs – gerade nicht als Zwang empfunden
wird, sondern als eine ihm Stabilität verschaffende Form der
Ordnung, denn der gesamte Tagesablauf ist verplant und von
außen bestimmt (es ist eben alles in der Ordnung).

Assoziationen des Erzählers

Als Beispiel für eine Assoziation des
Erzählers kann die Passage dienen, in
der der Sexualakt zwischen Minna und Biberkopf geschildert wird.

---

32 Siehe zu diesem Abschnitt auch E. Hülse, S. 76 f., H. Schwimmer, S. 80 ff. und P. Bekes,
   S. 46 ff.

„Der Mann sagt nichts, sie lässt lässt lässt ihm ihren Mund, sie erweicht wie im Bad, mach mit mir, was du willst, sie zerfließt wie Wasser, es ist schon gut, komm nur, ich weiß alles, ich bin dir ja auch gut.

Zauber, Zucken. Der Goldfisch im Becken blitzt. Das Zimmer blinkt, es ist nicht Ackerstraße, kein Haus, keine Schwerkraft, Zentrifugalkraft. Es ist verschwunden, versunken, ausgelöscht die Rotablenkung der Strahlungen im Kraftfeld der Sonne, die kinetische Gastheorie, die Verwandlung von Wärme in Arbeit, die elektrischen Schwingungen, die Induktionserscheinungen, die Dichtigkeit der Metalle, Flüssigkeiten, der nichtmetallischen festen Körper." (S. 39)

Hier sind stabreimende und sprachspielerische Elemente (zerfließen, Zauber, Zucken, Zentrifugalkraft; blitzen und blinken; verschwunden und versunken) vermischt mit Ironie (von der wie im Bade erweichenden und wie Wasser zerfließenden Minna zum Goldfisch im Becken) und „wissenschaftlichen" Ausflügen in die Physik, wo es doch nur um einen profanen menschlichen Sexualakt geht.

Bereits im Vorwort ist darauf hingewiesen worden, dass sich der Roman Döblins aufgrund seiner Komplexität wohl erst nach mehrfachem Lesen dem Rezipienten annähernd erschließen wird. Allein die beiden Beispiele aus dem Bereich der Assoziationstechnik Döblins machen einige der Schwierigkeiten für den Rezipienten deutlich. Schon die Fülle des einmontierten zeitgenössischen Textmaterials (von Schlagerfetzen über Werbetexte bis hin zu Zeitungsartikeln oder Schlagzeilen des politischen Lebens) stellt eine Herausforderung an den Leser dar. Manches wird aufgrund der historischen Distanz und fehlender Kenntnisse unverständlich bleiben. Manches andere lässt sich mit literaturgeschichtlichem Wissen oder einer großen Leseerfahrung erkennen und von seiner Bedeutung her einordnen. Über manches „Assoziationsangebot" wird der Leser vielleicht erst „stolpern", wenn er längst darüber hinweggelesen hat und dasselbe Angebot in einem anderen Abschnitt des Romans noch einmal auftaucht. Auch wenn der Rezipient also nicht alle Assoziationsangebote erkennt, nicht alle Details erfasst (wobei das Erkennen unzweifelhaft das Lesevergnügen vergrößert und zugleich zu einem tieferen Verständnis führt), macht der

Funktion der Assoziationsangebote

Strom der vermittelten und ausgelösten Assoziationen dennoch Sinn. Dem Leser geht es letztlich nicht anders als dem Protagonisten des Romans, auf den die Fülle der Reize ebenso einstürzt wie auf den Leser des Romans.

Döblin scheint jedes Mittel recht zu sein,

> „(...) dem Leser diese verwirrende Wirklichkeit zu suggerieren. Er soll diese Verwirrung wenigstens zum Teil nacherleben können. (...) Der Leser wird in den Trubel hineingerissen und gerät selbst, wie Franz Biberkopf, in Verwirrung. (Döblin) kann sich nicht damit begnügen zu berichten, dass Biberkopf in einer für ihn undurchschaubar gewordenen Welt lebt. Es soll sichtbar und nacherlebbar werden, dass Biberkopf von seiner Umwelt überwältigt wird, weil er sie nicht begreift und ihr nichts entgegenzusetzen hat."[33]

Damit der Leser in der Fülle des präsentierten Materials nicht völlig die Übersicht verliert, gibt der Autor auch Leitlinien vor, Orientierungshilfen, die einen Zugriff auf das Werk überhaupt erst ermöglichen und zugleich auch Interpretations- und damit Verständnisspielräume eröffnen. Zu

---

33 R. Links, S. 124 f.

diesen Orientierungslinien gehören neben der symmetrischen Kompositionsstruktur des Romans und Verweisen des Erzählers die **Leitmotive**, die den Text durchziehen.

Leitmotive in literarischen Texten haben eine gliedernde und verklammernde Funktion. Durch ihren zeichenhaften Verweisungscharakter verleihen sie den auseinander strebenden Elementen des Textes einen gewissen Grad von Kohärenz (= Zusammenhang) und Konsistenz (= Dichtigkeit/Dichte). In Döblins Roman kann man die Leitmotive thematisch gruppieren (Krieg, Gewalt, Tod z. B.), man kann sie auch nach ihrer Art qualifizieren (Liedelemente, Bibelstellen, eingebaute „Geschichten" wie die Bornemann-Geschichte oder die Erzählungen der Juden), wobei es, gleichgültig, aus welcher „Richtung" man ansetzt, zu Überschneidungen und Querverbindungen kommt.

> Leitmotive: Kennzeichen und Funktion

Unabhängig davon, für welchen Weg der Darstellung man sich entscheidet, bleibt einleitend festzuhalten, dass sich der Rezipient auch im Falle der Leitmotive bzw. der Textelemente mit leitmotivischer Funktion einer Fülle von Material gegenübersieht. Die im folgenden Abschnitt des Bandes präsentierten Beispiele werden dieser Materialfülle nur im Ansatz gerecht. Der einführende Charakter dieses Abschnittes soll deshalb ausdrücklich betont werden.

Döblins Roman handelt (auch) von gewalttätigen Vorgängen (Totschlag, versuchter Mord, Mord) und gewalttätigen Menschen (Franz/ Reinhold). Die auftretenden Figuren waren mit Gewalt konfrontiert (Franz als Soldat) und sind es noch. Vergangene Erfahrungen, so etwa Franzens Erlebnisse im Krieg, prägen oft ihr Handeln in der Gegenwart.[34]

> Leitmotiv Gewalt

---

34 Wobei der Erzähler gar nicht erst den Versuch macht, Franzens gewalttätige Handlungen psychologisierend zu erklären. Die Gewalthandlungen werden „gesetzt".

Das Motiv des Krieges wird aufgegriffen in den von Franz gesungenen Liedern, in den in sei-

Krieg

nem Bewusstsein bruchstückhaft auftauchenden Liedelementen sowie dem Kriegsvokabular oder in Parallelsetzungen zwischen Alltagsgewalt und kriegerischer Gewalt. Der Alltag selbst ist ebenfalls von Gewalt bestimmt und durchzogen. Diese alltägliche Gewalt findet ihren bildhaften Ausdruck in den einmontierten Schlachthofpassagen. Scheinbar unverfänglich wird die Schlachthof-Thematik angedeutet durch Franzens Kontakte zu den Vieh-

Schlachthof

händlern (siehe 2. Buch und 3. Buch).

Bei seinem letzten Gespräch mit den Juden (4. Buch) rückt die Gewaltthematik ins Gespräch, wenn einer der Juden zu Franz sagt: „Und wenn man so Gewalt hat wie Ihr, ein so kräftiger Mensch, soll er seinem Schöpfer danken. Was kann ihm schon passieren." (S. 133) Kontrapunktisch dazu heißt es dann wenige Passagen später in der Kapitelüberschrift: „Denn es geht dem Menschen wie dem Vieh; wie dies stirbt, so stirbt er auch." (S. 136), woran sich ein langer Abschnitt über den Schlachthof im Berliner Nordosten anschließt (Lage, Ausdehnung der Gesamtfläche, Angaben über die Verwaltung, Gebührenordnung, Anordnung und Funktion einzelner Gebäude; Beschreibung von Arbeitsabläufen und Schlachtvorgängen, Schlacht- und Umsatzzahlen). In die teilweise recht nüchtern dargebotenen Informationen sind immer wieder warnende Hinweise eingefügt. „Totengerichte für die Tiere, schwingende Beile, du kommst mir nicht lebend raus." (S. 137) Ein direkter Bezug zum Schicksal von Franz wird deutlich hergestellt über die Beschreibung der Schlachtung eines Stieres (siehe S. 141). Quer durch den Text sind nach diesen langen Passagen immer wieder Elemente der

Schlachthofszenerie eingefügt, die sich zu einem leitmotivischen Gesamtbild vernetzen lassen.

Das Schlachthofmotiv kann nicht nur zu Franz in Bezug gesetzt werden. Es schiebt sich auch in die Darstellung der Ermordung Miezes (siehe S. 351 f.)

Die Allgegenwart der täglichen Gewalt findet im Roman Döblins ihren

Dampframme

Ausdruck im Bild der Dampframme (siehe S. 165–169).

Das Bild der Dampframme entfaltet verschiedene Deutungsangebote. Sie ist sinnlich erfahrbares Objekt moderner Technikbegeisterung. Die Menschen auf dem Alexanderplatz nehmen fasziniert mit den Augen ihre Größe und ihre Bewegungsdynamik auf, erfassen mit den Ohren den Lärm der Schläge, von Döblin dem Leser lautmalerisch erlebbar gemacht (rumm rumm). Als technisches Großgerät steht sie im Kontext von Autos, Flugzeugen, Dampfern, Lokomotiven und den Maschinen der Fabriken.

Gleichzeitig ist die Dampframme auch Ausdruck der allgegenwärtigen Gewalt, der sich Biberkopf (wie alle Bewohner der Stadt) ausgesetzt sieht, ins Bewusstsein gehoben durch das (im oben genannten Absatz) aufgebaute Wortfeld: hauen–ratschen–schlagen–wuchten–liegen. Die Dampframme haut auf die Schienen nieder, wie der Stockschlag auf Franzens Kopf niederschlägt, wie der Hammer auf ihn niedersausen wird.

Franz wird zu Boden gehen wie der Stier im Schlachthof. In seinen Phantasmagorien, bereits in der Anstalt Buch liegend, taucht das Bild von der gewaltigen und gewalttätigen Ramme, vermittelt über die Wortverwendung und zu einer neuen Metapher verdichtet wieder auf und holt Franz Biberkopf ein (siehe S. 420 f.). Und wie die Dampframme am Alexanderplatz auf- und niedersaust, so blitzt auch das Beil des

Todes in ständigem Auf und Ab vor Franz auf: „Es blitzt, es fällt, es fallbeilt im Halbbogen vorn vor durch die Luft, schlägt ein, schlägt ein, ein neues saust, ein neues saust, ein neues saust. Schwing hoch, fall nieder, hack ein, schwing hoch, fall nieder, hack ein, schwing, fall, hack, schwing fall hack, schwing hack, schwing hack."(S. 431)

Der im Text aufgebaute **Zusammenhang zwischen der Dampframme und dem Tod** verweist auf die religiösen Leitmotive bzw. religiösen Textelemente mit leitmotivischem Charakter.

Alfred Döblins Roman enthält zahlreiche Verweise auf die Bibel, v. a. auf das Alte Testament.

Verweise auf die Bibel

Die Bibelstellen tauchen als vollständige Zitate, Zitatbruchstücke oder als Bibelparaphrasierungen auf. Neben der wörtlichen Übernahme von Bibelstellen stehen also auch Passagen, die von Döblin umgebaut oder abgeändert wurden. Die Bibelstellen finden sich in den Buch- oder Kapitelüberschriften, sind in den Erzählerbericht oder assoziativ in die Gedanken der Figuren eingeschoben.

Es lassen sich Stellen aus dem „Prediger Salomo" nachweisen und aus „Jeremia". Es gibt Verweise auf das „Buch Esther" und das „1. Buch Mose". Manche Bibelstellen stehen lediglich im Zusammenhang mit einer bestimmten Textpassage der Erzählhandlung, andere (wie etwa die aus dem „Prediger") haben übergreifende Bedeutung (Ankündigung drohenden Unheils, Warnung, Darstellung von Exemplarischem), einige dienen als Interpretationshilfe. Insgesamt entfalten die Bibelverweise einen eigenen Bedeutungszusammenhang, der weit über den Zusammenhang mit dem Schicksal der Hauptfigur des Romans hinausreicht.[35]

---

35 Vgl. zu diesem Abschnitt W. Muschg, S. 174 ff., E. Hülse, S. 77 ff. und S. 91 ff., R. Links, S. 120 ff., P. Bekes, S. 78 ff.

Auf den ersten Blick völlig unvermit-
telt ist die Geschichte von Adam und
Eva im Paradies an den Anfang des 2. Buches gesetzt. Adam
und Eva leben im herrlichen Garten Eden, „das war eine
einzige Freude im ganzen Paradies." Der zweite Blick macht
deutlich, dass hier eine Parallele zu Biberkopf und seinem
Schicksal aufgebaut wird. Auch der Prolog zum 2. Buch the-
matisiert die Freude. Biberkopf „steht jetzt vergnügt und
breitbeinig im Berliner Land." Allerdings endet der Prolog
mit der Vorausdeutung: „Ihr werdet sehen, wie er wochenlang anständig ist. Aber das ist gewissermaßen nur eine Gnadenfrist." Setzt man den Prolog (besonders den letzten Satz)
und die Paradieserzählung nun in einen Zusammenhang, er-
gibt sich ein scheinbarer Widerspruch. Einerseits ist von
„Gnadenfrist" die Rede, andererseits von einer „einzigen
Freude". Dieser Widerspruch findet schnell seine Auflösung,
denn der Erzähler kann darauf bauen, dass der Rezipient
den Fortgang der Paradies-Geschichte kennt (auch Adam
und Eva bleibt nur eine Frist im Garten Eden). Assoziativ
wird der Rezipient die Verführung durch die Schlange, die
Vertreibung aus dem Paradies sowie die Verfluchung von
Adam und Eva durch Gott mit dem Schicksal Biberkopfs in
einen Zusammenhang bringen. Das irdische Leben ist nicht
paradiesisch, Berlin ist nicht der Garten Eden.[36] Hier kommt
es zu Konfrontationen, auch zu gewalttätigen Auseinandersetzungen. Die Welt ist eben nicht ruhig und in Ordnung.
Die Bibel-Geschichte und die Hand-
lung im Erzählvorgang kommentie-
ren sich gegenseitig und stehen sich antithetisch gegenüber.

Vertreibung aus dem Paradies

Funktion des Paradies-Motivs

---

36 Darauf wird zu Beginn des Romans bereits hingewiesen, als Franz vor den Toren Tegels steht:
„Man setzte ihn wieder aus. (...) Er stand an der Haltestelle. Die Strafe beginnt." (S. 15)

Fortgesetzt und weitergeführt wird das Adam-und-Eva-Motiv im 3. Buch. Der Prolog greift Elemente des Prologs aus dem 2. Buch wieder auf, ein Verweisungszusammenhang wird hergestellt. „Biberkopf hat geschworen, er will anständig sein, und ihr habt gesehen, wie er wochenlang anständig ist, aber das war gewissermaßen nur eine Gnadenfrist. (...) Warum das Leben so verfährt, begreift er nicht. Er muss einen langen Weg gehen, bis er es sieht." (S. 105) Die „paradiesischen Zeiten" (die Zeit, in der Franz „vergnügt und breitbeinig im Berliner Land" steht) sind jetzt vorbei. Franz hat die Frist, die ihm gesetzt war, nicht genutzt. Er sieht nichts, er hat sich nicht verändert. Ein Grundzug seines Charakters bereitet seinen Fall vor; Lüders gegenüber prahlt er mit seinen Erlebnissen bei der Witwe. An die Schilderung der Gewalttat von Lüders schließt sich ein weiterer Abschnitt der biblischen Geschichte an, sie wird um das „Verführungsmotiv" erweitert: „Da raschelte es in einem Baum. Eine Schlange, Schlange, Schlange steckte den Kopf vor, eine

Motiv der Verführung

Schlange lebte im Paradiese, und die war listiger als alle Tiere des Feldes, und fing an zu sprechen, zu Adam und Eva zu sprechen." (S. 111) Verführt in der biblischen Geschichte die Schlange Adam und Eva, so ist es im Roman Biberkopf selbst, der seinen „Sündenfall" vorbereitet. Lüders hintergeht ihn und raubt die Witwe aus, aber er tut das, nachdem sich Biberkopf ihm gegenüber selbst „in Szene gesetzt" hat: „Franz bläst durch die Hand, lacht durch die Nase, kratzt sich die Backe, stößt Otto gegen die Knie mit seinem Knie. (...) Und Franz pfeift: ‚Da geh ich noch mal hin (...)'."(S. 108)[37]

---

37 „Blind bist du gewesen und frech dazu, hochnäsig (...)" kommentiert der Tod Franzens Verhalten im Zusammenhang mit Lüders (S. 433). Der Tod weist Franz die Schuld zu und nicht Lüders.

Die biblische Geschichte wird fortgesetzt und zum Abschluss gebracht, als Franz von den Juden Abschied nimmt. Aus dem Lüders-Vorfall hat er nichts gelernt, er lebt in den Tag hinein. Das Verführungsmotiv wird in diesem Abschnitt erweitert um die Verfluchung von Adam und Eva. Diese Erweiterung erfolgt nicht zufällig an dieser Stelle, denn sie hat vorausdeutenden Charakter für die Biberkopf-Handlung. Biberkopf wird (wörtlich genommen, aber auch bildlich gemeint) bald vor Reinhold auf dem Bauch kriechen. Er wird seine Nähe und Freundschaft suchen, wird sich ihm anbiedern und andienen. Und er wird von Reinhold zu Boden geschlagen werden. Neben dieser konkreten Vorausdeutung auf die Biberkopf-Handlung betont der Abschluss der biblischen Geschichte auch Allgemeingültiges. Er schlägt einen Bogen zu den Zitatpassagen aus dem „Prediger". Die Konsequenz liegt sozusagen in der ‚Schlusspointe'. Adam und Eva werden aus dem Paradies vertrieben, als sie ihre naive Unschuld verlieren und den Apfel vom Baum der Erkenntnis essen. Biberkopf stürzt ins Unglück, weil er naiv ist und bleibt und nicht „sieht", nicht zur Ein-Sicht, zur Erkenntnis kommt.[38]

Schlusspointe

In den Kontext der umfangreichen Ausführungen über den Schlachthof im 4. Buch wird eine recht freie Abwandlung des Buches Hiob aus dem Alten Testament montiert. Die Hiob-Paraphrase in *Berlin Alexanderplatz* setzt zu einem Zeitpunkt ein, als Hiob bereits alles verloren hat. „Als Hiob alles verloren hatte, alles, was Menschen verlieren können, nicht mehr und

Hiob-Paraphrase

---

38 „Und das Weib sah, dass von dem Baum gut zu essen wäre und dass er eine Lust für die Augen wäre und verlockend, weil er klug machte. Und sie nahm von der Frucht und aß und gab ihrem Mann, der bei ihr war, auch davon, und er aß. Da wurden ihnen beiden die Augen aufgetan, und sie wurden gewahr, dass sie nackt waren (...)."(1. Mose, 3,6)

nicht weniger, da lag er im Kohlgarten." (S. 143) Durch diesen Kunstgriff vermeidet Döblin vordergründige Parallelziehungen zwischen Biberkopf und

Hiob. Biberkopf ist eher am unteren Rand der Gesellschaft angesiedelt, er verfügt weder über Ansehen, noch hat er materiellen Besitz und eine Familie. Hiobs Situation ist durch das genaue Gegenteil gekennzeichnet, denn „er war reicher als alle, die im Osten wohnten" und ist mit Kindern gesegnet (siehe Buch Hiob, 1,1–3). Sind Biberkopfs Moralvorstellungen wenig ausgeprägt und eher zweifelhaft, neigt er zum Jähzorn und zur Aggressivität, die ihm ja auch seine Vorstrafe eingebracht hat, so ist Hiob „fromm und rechtschaffen, gottesfürchtig und meidet das Böse."(Hiob, 1,8) Auch in den Schicksalsschlägen, die sie treffen, lassen sich zwischen Hiob und Biberkopf eher Unterschiede als Gemeinsamkeiten feststellen. Hiob hat „alles" verloren, Biberkopf hat bisher „eigentlich kein Unglück getroffen." (Prolog, 4. Buch) Deutliche Berührungspunkte ergeben sich aber in der Art und Weise, wie die Figuren mit ihrem Schicksal umgehen. Hiob hadert mit Gott, Biberkopf hadert mit der Welt. Hiob leitet aus seinem frommen und gottesfürchtigen Leben ab, dass ihm kein Unglück widerfahren dürfe. Er sieht das Unrecht bei Gott. „So merkt doch endlich, dass Gott mir unrecht getan hat und mich mit seinem Jagdnetz umgeben hat."(Hiob 19,3) Hiob verharrt in Selbstgerechtigkeit: „An meiner Gerechtigkeit halte ich fest und lasse sie nicht; mein Gewissen beißt mich nicht wegen eines meiner Tage."(Hiob 26,6) Für Biberkopf ist Lüders schuldig an seinem Schicksalsschlag. Sein eigenes Verhalten stellt er nicht in Zweifel. Er ...t sich mit Selbstmitleid und Alkohol. Als er sich ...s seinem Suff erhebt, will er sich die Welt zurechtbacken, wie er sie sich vorstellt.[39] Und wenn das nicht geht, dann will er die Welt ignorieren. Im Zwiegespräch der Stimme[40] mit Hiob in der Bibelparaphrase geht es u. a. um das Motiv des „Sehens". „Hiob, Du kannst deine Augen nicht aufmachen, sie sind verklebt, sie sind verklebt." (S. 145) Es geht hier um mehr als die Beschreibung des Krankheitsbildes von Hiob, der, von Aussatz bedeckt, am Boden liegt. Es geht vielmehr um die Un-Einsichtigkeit Hiobs. Erst als Hiob jeglichen Hochmut fahren lässt, sich der Stimme völlig ausliefert, sich helfen lassen will, wird er geheilt. „Er schrie die ganze Nacht. (...) Gegen Morgen fiel Hiob auf das Gesicht. Stumm lag Hiob. An diesem Tag heilten seine ersten Geschwüre." (S. 146)

Hiob gibt seinen Hochmut auf. Er fällt auf das Gesicht (eine Geste der **Hochmut und Ein-Sicht** Verzweiflung, auch der Demut), verstummt und wird – ein Scheinparadoxon – sehend. Diese Ein-Sicht ist die Voraussetzung für den Heilungsprozess. Die äußeren Zeichen seiner – letztlich – seelischen/geistigen Krankheit beginnen von ihm abzufallen und zeigen seinen Heilungsprozess so auch nach außen. Wie Hiobs Augen verklebt sind, so ist auch Biberkopf „blind". Wie Hiob muss auch Biberkopf einen Heilungsprozess durchlaufen, der ihn wieder „sehend" macht.

Die Hiob-Paraphrase hat warnende und vorwegnehmende Funktion **Funktion der Hiob-Paraphrase** zugleich. Sie ist eine letzte Warnung an Franz, wenngleich auch der Erzähler in den Gang seines Schicksals nicht steuernd eingreifen will und kann. Der zweite Schicksalsschlag

---

39 Siehe das Bild vom Brot im Ofen im 9. Buch (es versinnbildlicht den „Fertigungsprozess" des neuen Biberkopf).
40 Gottes Stimme? Des Todes Stimme? Des Teufels Stimme?; im Alten Testament ist es Gott selbst, der mit Hiob spricht und ihm seine Selbstgerechtigkeit vorwirft, im Roman sagt die Stimme, sie sei der Satan.

wird Franz bald treffen. Insofern hat der Dialog zwischen Hiob und der Stimme auch vorwegnehmende Funktion. Franz wird, wie Hiob, zu Boden geschlagen werden. Zugleich wird angedeutet, dass Franzens Schicksal nicht endgültig besiegelt sein muss und wird. Die Hiob-Paraphrase greift weit voraus, bis ins 9. Buch hinein. Die Geste Hiobs wird aufgegriffen, als Franz seine Schuld eingesteht und es über ihn heißt: „Dass er dies getan hat alles und so gewesen ist, darüber weint Franz Biberkopf. Jetzt weint Franz Biberkopf über sich. (...)*Was Franz hat, wirft sich hin.*"(S. 441/Kursivsetzung durch mich, B. M.)

| Die „Hure Babylon" |

Mit dem Bild von der „Hure Babylon" greift Döblin die bereits mit den Erzählungen vom Paradies verbundene Thematik der Verführung wieder auf, setzt sie aber in eine apokalyptische Dimension.[41] Relativ eng hat sich Döblin in diesem Fall an den Wortlaut der Vorlage aus der Bibel, die Offenbarung des Johannes, gehalten. Es sind aber auch, worauf H. Schwimmer aufmerksam gemacht hat, nicht unwesentliche Änderungen festzustellen, nämlich

„(...) den Wandel von der 1. Person bei Johannes zur 2. Person bei Döblin, wodurch Letzterer erreicht, dass sich nicht nur sein Franz Biberkopf, sondern auch der Leser stärker angesprochen fühlen soll; der Wechsel vom Präteritum der Bibel zum Präsens des ‚Berlin Alexanderplatz' akzentuiert stärker den Aspekt der Gegenwärtigkeit, der Aktualität."[42]

---

41 Der erste Hinweis auf die „Hure Babylon" findet sich im Gespräch Franzens mit den Juden, lässt sich aber an dieser Stelle vom Rezipienten wohl noch nicht von seiner Bedeutung her einordnen („Sprach Jeremia, wir wollen Babylon heilen. (...) Das Schwert komme über die Kaldäer, über die Bewohner Babylons.", S. 21)

42 H. Schwimmer, S. 118

Die Gegenwärtigkeit besteht in der Verführungskraft der Stadt, in der Fülle ihrer Reizangebote und Verlockungen, denen schließlich auch Franz Biberkopf erliegt.[43]

Aufbau des Bildes von der „Hure Babylon"

Das Bild von der „Hure Babylon" taucht erstmalig auf, als Franz an einem Scheideweg steht. Er hat seinen Arm verloren, kommt, nach der Betreuung durch Herbert und Eva, allmählich wieder auf die Beine, geht ziellos durch Berlin, will aber wieder stark werden (siehe S. 236 f.).

Zwar hat Franz eine dumpfe Ahnung davon, dass die Welt nicht in Ordnung ist, aber er reagiert mit Kraftmeierei, will seinen Körper aufpumpen. Nachdenklichkeit, aufkommende Gedanken ertränkt er im Bier. Er gibt seinen Vorsatz, anständig zu bleiben, auf, stattet sich mit eleganter Kleidung aus, und wir sehen „Franz Biberkopf als einen Hehler, einen Verbrecher."(S. 253) Eingeführt wird das Bild von der „Hure Babylon" zu Beginn der Phase, in der Franz – im Dunstkreis von Kneipen und Kaschemmen herumwandernd und trinkend – aus seinem bisherigen Leben die falschen Schlüsse zieht: „Und nun komm her, du, komm, ich will dir etwas zeigen. Die große Hure, die Hure Babylon, die da am Wasser sitzt." (S. 237)[44] Ein zweites Mal taucht es auf, nachdem wir Franz bereits als Hehler und Verbrecher sehen; Biber-

---

43 Auch in der Bibel wird die Hure mit der großen Stadt (Rom!) gleichgesetzt: „Und das Weib, das du gesehen hast, ist die große Stadt, die die Herrschaft hat über die Könige auf Erden."(Offenbarung des Johannes, 17,18)

44 „Und es kam einer von den sieben Engeln, die die sieben Schalen hatten, redete mit mir und sprach: Komm, ich will dir zeigen das Gericht über die große Hure, die an vielen Wassern sitzt (...)."(Offenbarung des Johannes, 17,1). Döblin modifiziert die Ausgangssituation. Der Engel deutet darauf hin, dass über die Hure „Gericht" gehalten wird; ein Urteil über die Hure ist bereits gefällt. Im Roman wird der Tod Gericht über Franz halten. Gegenüber Franz kann die Verführungskraft noch entfalten. Ob das „Ich" des Romans bei diesem e „Hure" das Erzähler-Ich oder der Tod ist, womit der Hinweis auf die Hure a Warnung zu verstehen wäre, oder, wie bei Johannes, die Stimme eines E bleiben.

kopf ist der Verführungskraft der *Hure Babylon*, die „lacht", erlegen (siehe S. 253). Wie die Hure vom Blut der Heiligen trunken ist, so ist auch Franz trunken. Er ist nicht nur, ganz banal, trunken vom Alkohol, dem er reichlich zuspricht, er ist vor allem trunken von sich selbst, voller Selbstüberschätzung und Überheblichkeit. Und Franz ist trunken von der Glitzerwelt und den Verlockungen der Stadt. Hat ihn diese, nach der Entlassung aus Tegel, zunächst verunsichert und verwirrt (das Bild der abrutschenden Dächer), so übt sie jetzt ihre Faszination auf ihn aus. Er singt der Stadt sein „trunkenstes Loblied".[45] Zum dritten Mal erobert Franz Berlin. Franz macht eine äußerliche und innere „Verpuppung" durch. Wie die Hure Babylon sich in äußerem Glanz präsentiert (Purpur, Scharlach, übergüldet mit edlen Steinen und Perlen), so putzt sich auch Franz heraus. Aus dem verkommenen und heruntergekommenen Franz wird äußerlich ein feiner Mann. Damit einher geht seine (viel entscheidendere) innere Verwandlung. Lug und Betrug, Lockung und Verlockung, Schein statt Sein, die Stadt als Schwindelpaket. Franz, der doch anständig bleiben wollte, sieht diesen Schwindel, deutet ihn jetzt positiv um und hat Anteil an ihm. Franz gibt jegliche moralische Skrupel auf. Franzens Verpuppung wird vollendet, als Mieze auftaucht: „Franz Biberkopf ist wieder komplett." (S. 256) Aber er ist komplett geworden, damit er zerschlagen werden kann. Ohne dieses scheinbare „Zwischenhoch" könnte sein Fall nicht tief genug sein! Franzens „kriminelle Karriere" wird begleitet vom Motiv der „Hure Babylon". Ihr Triumph über ihn scheint endgültig zu sein, als ihn der dritte Schlag trifft, die Ermordung Miezes.

Hure Babylon: scheinbarer Sieg

---

45 Johannes R. Bechers expressionistisches Stadt-Gedicht *Singe mein trunkenstes Loblied* beginnt mit der Zeile: „Singe mein trunkenstes Loblied auf euch, ihr großen ihr rauschenden Städte."

Und Franz selbst wird abermals verführt, als Reinhold bei ihm auftaucht und ihm rät zu fliehen – mit der Absicht, den Verdacht auf Franz zu lenken. Als Herbert und Eva Franz in seinem Versteck Vorhaltungen machen, ihm sein Fehlverhalten aufzeigen, fällt Franz in sein immer gleiches Verhaltensmuster zurück, erahnt gleichzeitig seine Niederlage:

> *„‚Ich bin nicht schuld dran, dagegen kann man nichts machen, ebenso gut hätte der mich totschießen können, wie ich auf seine Stube war. Das sag ich euch, dagegen gibts nichts‘. Sieben Häupter und zehn Hörner, in der Hand einen Becher voll Gräul. Die werden mir nu schon ganz kriegen, dagegen gibts nun nischt mehr zu machen."* (S. 385)

Das in den Gedankengang Biberkopfs einmontierte Versatzstück aus dem „Huren-Motiv" verdeutlicht, dass die „Hure" ganz von ihm Besitz ergriffen hat, dass seine Seele vollends zerfressen ist, dass der äußere „Aufstieg" Franzens mit einem innerlichen „Zerfall" einhergegangen ist. Das wirkliche Problem ist nicht die Verführungskunst der „Hure" (die Verlockungen der Stadt), sondern Franzens Reaktion darauf.[46] Besiegen kann Franz die Hure nur, indem er eine innere Wandlung vollzieht. Diese gelingt ihm erst in der Anstalt Buch – mit Hilfe des Todes.

Der Tod ist in Döblins Roman omnipräsent, Verweise auf ihn ziehen sich durch alle Textebenen. Biberkopf trifft der härteste **Der Tod** Schicksalsschlag durch den Tod Miezes, in den eingebauten Schlachthofszenen begegnet uns der Tod als industriell organisierter Vorgang, er zieht sich leitmotivisch durch den Ro-

---

46 Somit ist das Bild von der „Hure Babylon" auch nicht als Abgesang auf das moderne (städtische) Leben überhaupt zu interpretieren.

man mit der Liedzeile „Es ist ein Schnitter, der heißt Tod",
Biberkopfs Kriegserinnerungen sind mit dem Tod verknüpft,
und auch die Zitate aus dem „Prediger" rufen die Allgegenwart des Todes immer wieder ins Gedächtnis: „Ein jegliches
hat seine Zeit, und alles Vorhaben unter dem Himmel hat
seine Stunde: geboren werden hat seine Zeit, sterben hat seine Zeit (...)" (Prediger 3,1–8)[47]
So dicht ist das Netz der Verweise auf den Tod in Döblins
Roman geknüpft, als wolle der Autor das barocke Vanitas-
Motiv ins säkularisierte 20. Jahrhundert übertragen, ein Motiv, das Andreas Gryphius im Sonett *Es ist alles Eitel* in die
Zeilen gefasst hat:

„Was itzund prächtig blüht, sol bald zertretten werden;
Was itzt so pocht und trotzt, ist morgen Asch und Bein;
Nichts ist, das ewig sey, kein Ertz, kein Marmorstein.
Itzt lacht das Glück uns an, bald donnern die Beschwerden."[48]

Der Tod als Warner

Aufgrund der zahlreichen Verweise
auf den Tod und die Vergänglichkeit
des menschlichen Lebens ist das Auftauchen des als Allegorie gestalteten Todes im 9. Buch des Romans kaum überraschend. Franz jedoch hat die Warnungen des Todes bisher
überhört, er hat die Stimme des Todes nicht erkannt. Ihm
geht es wie Hiob, der auch nicht weiß, wer sich hinter der
Stimme, die zu ihm spricht und ihn warnt, verbirgt. Der
Tod selbst weist Franz Biberkopf darauf hin, dass er es war,
der ihn gewarnt hat: „Als Lüders dich betrog, hab ich zum
erstenmal mit dir gesprochen." (S. 430) War Biberkopf, verführt durch die „Hure", wieder „komplett" geworden, so

---

47 „media vita in morte sumus" heißt es in einem mittelalterlichen liturgischen Wechselgesang =
„Mitten wir im Leben sind/Mit dem Tod umfangen."
48 Zitiert nach *Gedichte aus sieben Jahrhunderten*, Bamberg 1985, S. 12

wird er nun vom Tod demontiert, Stück für Stück in seine Einzelteile zerlegt, wobei sich die Parallele zur Zerlegung der Tiere im Schlachthof aufdrängt (siehe S. 432). Das Bild von der Zergliederung und Zerhackung Biberkopfs leitet über zu den Schmerzen und zum Leiden, die Voraussetzung sind für den Heilungsprozess, den Franz durchmachen muss. Erst als Franz diesen Leidensprozess akzeptiert, setzt der Heilungsprozess ein. In seinen Gesprächen mit Lüders, Reinhold, Ida und Mieze lässt er seine Vergangenheit und damit seine Schuld an sich „herankommen" (das Verb wird durch zahlreiche Wiederholungen und Kontextvariationen zu einem Schlüsselwort auf den Seiten 437 ff.). Entscheidend ist dabei auch, dass Franz **über sich weint** (über sein Verhalten) und nicht mehr über das Unglück, das ihm vermeintlich die anderen zugefügt haben (siehe S. 398). Sein Schuldeingeständnis (aus dem „ich hab das nicht gemacht" wird das Geständnis „wat hab ich gemacht"; siehe S. 439 und S. 441; „Franz weint und weint, ich bin schuldig, ich bin kein Mensch, ich bin ein Vieh, ein Untier.", S. 442) und seine Selbstaufgabe („Was Franz hat, wirft sich hin. Er hält nichts zurück.", S. 441) öffnen den Weg für den „neuen" Biberkopf:

> „Gestorben ist in dieser Abendstunde Franz Biberkopf, ehemals Transportarbeiter, Einbrecher, Ludewig, Totschläger. Ein anderer ist in dem Bett gelegen. Der andere hat dieselben Papiere wie Franz, sieht aus wie Franz, aber in einer anderen Welt trägt er einen neuen Namen." (S. 442)[49]

Mit Franzens Schuldeingeständnis und seiner damit verbundenen „Wiedergeburt" hat auch die „Hure Babylon" ihre

---

49 „Ja, dieser Mann – wir wollen ihn Franz Karl Biberkopf nennen, um ihn von dem ersten zu unterscheiden (...)." (S. 447) Hinweis: Ludewig = Lude = Zuhälter

Der Tod als Helfer und Sieger   Macht über ihn verloren: „Verloren hat die Hure Babylon, der Tod ist Sieger und trommelt sie davon." (S. 443)

Die Allegorie vom Tod weist weit über das Schicksal des Protagonisten des Romans hinaus, sie ist nicht nur funktional seinem Entwicklungsprozess bzw. der Biberkopf-Handlung des Romans zugeordnet. Döblins Roman ist eben mehr als „Die Geschichte vom Franz Biberkopf". Er wirft, gezeigt am Schicksal Biberkopfs, grundsätzliche Fragen der menschlichen Existenz auf, fragt nach dem Sinn menschlichen Lebens überhaupt, das sich in der (zeitlichen) Dimension zwischen Geburt und Tod erstreckt. Die Antwort auf die Frage nach der „Quintessenz" des Lebens ist im Zusammenhang mit den Schlusspassagen des Romans zu sehen, denn mit dem „neuen" Biberkopf hat dessen Geschichte ihr Ende gefunden, aber noch nicht der Roman (zum Schluss des Romans siehe **2.7**).

2.4 Personenkonstellation und Charakteristiken

Zunächst ist festzuhalten, dass die Hauptfiguren der Biberkopf-Handlung, und nur von ihnen soll hier die Rede sein, alle dem Verbrecher- und Prostituierten-Milieu angehören. Ihr Leben in diesem Milieu wird vom Erzähler als Faktum „gesetzt", weder psychologisch ausgedeutet noch von den Ursachen her hinterfragt oder sogar moralisch verurteilt. Alle Figuren leben am Rande der bürgerlichen Gesellschaft und gleichzeitig von ihr – als Ganoven und Zuhälter, die sich von ihren Mädchen, oder als Prostituierte, die sich von ihren Freiern aushalten lassen. Dennoch haben sie fast alle ihre bürgerlich-kleinbürgerlichen Träume (Eva will ein Kind von Franz, Franz will Mieze heiraten, Mieze will Franz glücklich machen, Franz will anständig sein). Die Figuren leben ihr „alltägliches" Leben; sie sitzen in ihren Stuben, gehen bummelnd durch die Stadt, vergnügen sich bei Tanzveranstaltungen, lesen Groschenheftchen und Illustrierte und suchen – mit Vorliebe und immer wieder – die Berliner Kneipen auf.
Trotz ihres Lebens im Verbrechermilieu sind die Figuren unterschiedlich gezeichnet.

Franz Biberkopf
Franz Biberkopf war vor seiner Haft Zement- und Transportarbeiter. Er ist von imposanter körperlicher Erscheinung, wiegt an die zwei Zentner, ist kräftig und muskulös. Im 1. Weltkrieg hat er das Eiserne Kreuz erhalten. Biberkopf fällt es schwer, die Kräfte, die in ihm stecken und die er in einem „Athletenklub" aufbaut, zu zügeln. Seine vormalige Geliebte hat er im Affekt totgeschlagen, auch auf Mieze prügelt er ein, bei der Auseinandersetzung mit den Kommunis-

ten in einer Kneipe kann er seine Aggressionen und seine Wut kaum zügeln. In solchen Momenten der Aggression tauchen aus Biberkopfs Unterbewusstsein immer wieder die (traumatischen) Erlebnisse der Kriegszeit und der Revolutionswirren auf. In die Zeit großer politischer Auseinandersetzungen (zwischen Kommunisten und Nationalsozialisten) gestellt, bleibt Franz Biberkopf politisch im Grunde indifferent. Franz Biberkopf verkauft die Nazi-Zeitungen letztlich nicht aus Überzeugung, sondern um Geld damit zu verdienen („Er hat nichts gegen die Juden, aber er ist für Ordnung.", S. 82). Am ehesten sympathisiert der alte Frontsoldat Biberkopf noch mit der konservativ-reaktionären und militaristischen „Stahlhelm-Organisation" (ebd.). Von seiner erschreckend naiven (vielleicht auch bösartig-reaktionären) Seite zeigt er sich, als er überlegt, ob ihm ausgerechnet die beiden Juden, die ihm zuvor geholfen haben, den „Völkischen Beobachter" (das Zentralorgan der NSDAP) abkaufen würden („Warum nicht, ob sie ihn mögen, ist mir egal, wenn sie ihn bloß abkaufen.", S. 170). Zu den Kommunisten sagt er:

> „(...) kommt nichts raus bei euren Sachen. Auf die Weise nicht. Weiß nicht, ob bei denen was rauskommt mit die Binde hier. Hab ich auch gar nicht gesagt, aber ist doch ne andere Sache. Friede auf Erden, wies gesagt ist, so ist richtig, und wer arbeiten will, soll arbeiten, und für die Zicken sind wir uns zu gut."
> (S. 87)

Diese politische Indifferenz offenbart einen allgemeinen Wesenszug Biberkopfs. Wie er sich für die „Zicken zu gut ist", also für das politische Eintreten für gemeinsame Interessen, so ist er ja überhaupt jemand, der seinen Weg alleine gehen will – aus Naivität und auch aus Hochmut. Immer wieder will Franz Biberkopf es alleine schaffen, die Probleme zu lösen. Er hört nicht auf die Warnungen der Juden, er nimmt Mecks Rat, sich nicht zu isolieren, nicht an. Er offenbart seinen Freunden Eva und Herbert und auch Mieze nicht den Grund für den Verlust seines Armes, sondern spricht erst darüber, als er Mieze bereits verloren hat. Seine Blindheit geht einher mit einem Hang zur Prahlsucht und zum Selbstmitleid, auch zur Selbstüberschätzung. Erst als Franz zur Einsicht kommt, in sich hineinsieht, seine Schuld eingesteht, stirbt der alte Biberkopf und der neue wird geboren.[50]

Reinhold

Überschätzt sich Franz Biberkopf selbst, so unterschätzt er Reinhold von Anfang an. Reinhold, Pfeifenraucher, Kaffee- und Limonadetrinker, schlank, mit schwarzen aufstehenden Haaren und langem, hohen, gelblichen Gesicht und traurigen Augen, Querfalten an der Stirn und Längsfalten im Wangenbereich, im verschossenen Soldatenmantel und mit gelblichen Stiefeln ausgestattet, schwindsüchtig wirkend (vgl. S. 177), alles in allem eine teuflische Erscheinung, weckt bereits bei der ersten Begegnung das Interesse Biberkopfs („Franz fühlte sich mächtig von ihm angezogen.", S. 177). Als Reinhold Franz den Frauenhandel vorschlägt, hält dieser das zunächst für einen Witz und lacht, lässt sich von Reinhold letztlich doch überreden. Franz wundert sich ein wenig, dass diesem abgerissenen und unscheinbaren Kerl die Mädchen so zufliegen, aus der Verwunderung wird Bewunderung. Dabei meint Franz immer noch, Reinhold gewachsen zu sein.

---

50 Das Motiv vom „blind sein" und „sehend werden" zieht sich leitmotivisch ebenso durch den Roman wie eine Licht- und Augen-Metaphorik und das Gang-Motiv, denn immer wieder begleiten wir Biberkopf auf Gängen durch die Stadt (zum Gang-Motiv siehe ausführlich Jähner, S. 38).

Als Franz den Mädchenhandel ablehnt und Reinhold Vorwürfe macht, träumt Reinhold bereits vom Mord an Biberkopf. Die eiskalte Seite Reinholds zeigt sich bei der Aktion der Pumskolonne. Er erweist sich, wie es Meck Biberkopf gesagt hat, als der „Hauptmacher". Kurz und knapp gibt er die Kommandos, von Stottern keine Spur mehr, ohne Skrupel wirft er Biberkopf aus dem Auto, um ihn zu ermorden. Genauso eiskalt und skrupellos ermordet er später Mieze. Als Biberkopf zu ihm in die Wohnung kommt, ist Reinhold bereit, ihn zu erschießen. Doch rasch bemerkt er die Schwäche Franzens und erkennt, dass hier einer vor ihm sitzt, der sich ihm ausliefert, der fast masochistisch seine Demütigungen erträgt. Und während er (beim zweiten Besuch Franzens) scheinbar freundschaftlich mit ihm spricht, fasst er bereits den Plan, Biberkopf zu vernichten.

Roland Links schreibt über die Beziehung Reinhold–Franz:

> *„Der Ganove Reinhold braucht keinen Finger zu rühren, um diesen äußerlich so imposanten Biberkopf einzufangen. Die Angst hat ihn zur Beute der Banditen gemacht – erst zum Verkäufer faschistischer Zeitungen, dann zum Werkzeug dieser Horst-Wessel-Figur Reinhold. Aus Angst wird Franz diesem Reinhold hörig, und er bemäntelt Angst, Schwäche und Hörigkeit, indem er alles, was ihm widerfährt als Schicksal ausgibt."*[51]

Nur einmal zeigt sich der Berufsverbrecher Reinhold schwach, nämlich als er Konrad, der vor der Entlassung steht, in einem Anflug von Sentimentalität Hinweise auf seine Verstrickung in den Mord an Mieze gibt. Dies wird ihm

---

51 R. Links, S. 124

zum Verhängnis. Mit Reinhold ist Franz ein Dämon an die Seite gestellt, ein teuflischer Verführer (als Teufel sieht Biberkopf in seiner Vision in der Irrenanstalt Reinhold). Doch dieser Teufel ist nötig, um Biberkopf sehend werden zu lassen. Reinhold ist der „Geburtshelfer auf dem Wege Franzens zur Erkenntnis."[52]

Eva und Herbert

Ist Reinhold das Böse schlechthin, so verkörpern Eva und Herbert die Ganoven mit Herz. Auch sie leben von kleineren und größeren Gaunereien und von der Prostitution, sind ein funktionierendes Ganoventeam (während Eva mit ihrem Freier in Zoppot ausgeht, räumt Herbert dessen Tresor leer und erleichtert ihn um 5000 Mark und eine goldene Uhr). Ihr Verhältnis entspricht dem, das Mac und Jenny in Bertolt Brechts *Zuhälterballade* aus der *Dreigroschenoper* (rückblickend) beschreiben:

> „In einer Zeit, die längst vergangen ist
> Lebten wir schon zusammen, sie und ich
> Und zwar von meinem Kopf und ihrem Bauch.
> Ich schützte sie und sie ernährte mich.
> Es geht auch anders, doch so geht es auch.
> Und wenn ein Freier kam, kroch ich aus unserm Bett
> Und drückte mich zu'n Kirsch und war sehr nett
> Und wenn er blechte, sprach ich zu ihm: Herr
> Wenn Sie mal wieder wollen – bitte sehr."[53]

Die Vor-Geschichte von Franz und Herbert wird nicht erklärt. Lapidar wird Herbert als „Kollege aus einer früheren

---

52 Erich Hülse, S. 95
53 Bertolt Brecht, *Die Dreigroschenoper*, Berlin 1970, S. 55

Zeit, vor Tegel" (S. 223) eingeführt. Ohne zu zögern, ist Herbert zur Hilfe bereit, organisiert Biberkopfs Transport nach Magdeburg. Und auch Eva stellt weiter keine Fragen, wer denn Biberkopf überhaupt ist. Sie erweisen sich als Freunde, die auch in finanzieller Hinsicht großzügig gegenüber Franz sind (sie übernehmen die Krankenhauskosten, stellen ihm Geld und ihre Wohnung zur Verfügung, als sie mit Evas Freier nach Zoppot aufbrechen). Rührend kümmern sie sich um Franz, sind besorgt um ihn, wollen ihn vor weiterem Unheil schützen. Doch Franz öffnet sich ihnen gegenüber zunächst nicht, speist sie mit Halbwahrheiten und Ausflüchten ab. Dabei scheint Herbert nicht gerade eine kleine Nummer in Ganovenkreisen zu sein, sondern über Einfluss zu verfügen. Zumindest haben die Pums-Leute Respekt vor ihm: „Der Herbert Wischow macht die Leute gegen uns rebellisch, wir wären Schweinehunde (...)." (S. 232)

Eva entwickelt Biberkopf gegenüber ein sentimentales Verhältnis, verliebt sich gar in ihn, wird schwanger von ihm, will das Kind behalten; erst nach Franzens Entlassung aus Buch, Miezes Tod und dem Verlust des Kindes löst sie sich emotional von Biberkopf: „Seine Freundin wollte Eva früher werden, aber jetzt, jetzt will sie selbst nicht mehr. Die Sache mit Mieze und dann das Irrenhaus, das war ihr zuviel, so gut sie ihm ist." (S. 450) Evas und Herberts kriminelle Geschäfte spielen für die Beziehung zu Biberkopf letztlich keine Rolle. So sehr sie als Ganoven auf ihren finanziellen Vorteil bedacht sind, so altruistisch handeln sie als Freunde an Biberkopf.

Mieze

Wie Evas professionelles Dirnentum ihren Gefühlen Franz und den aufkommenden Muttergefühlen gegenüber nicht im

KÖNIGS LERNHILFEN

Diktat

- einsetzbar als Übungs- bzw. Prüfungsdiktat
- altersgerechte Sprache
- viele zusätzliche Übungen zur Grammatik und Rechtschreibung
- Lösungen im Anhang
- Verzeichnis zum schnellen Auffinden der Übungen
- in Anlehnung an die Lehrpläne

Bange
...leichter lernen!

Hiermit bestelle ich folgende Bände (mit 10 Tagen Rückgaberecht):
Preisänderungen vorbehalten!

Anzahl		EURO
....	Diktate für das 2.–4. Schuljahr	13,90
....	Diktate für das 4.–5. Schuljahr	13,90
....	Diktate für das 5.–7. Schuljahr	14,90
....	Diktate für das 6.–7. Schuljahr	13,90
....	Diktate für das 8.–10. Schuljahr	13,70

Kurzdiktate im Westentaschenformat aus der Reihe „kurz & bündig"

....	Diktate für das 4. Schuljahr	5,00
....	Diktate für das 5. Schuljahr	5,00
....	Diktate für das 6. Schuljahr	5,00
....	Diktate für das 7. Schuljahr	5,00

....
Datum / Unterschrift (bei Minderjährigen der gesetzl. Vertreter)

Bange Verlag

Tel.: 09274/94130
Fax: 09274/94132
e-mail: service@bange-verlag.de
www.bange-verlag.de

☐ Bitte senden Sie mir an die unten stehende Adresse laufend kostenlos Prospekte und Kataloge des C. Bange Verlags.

Versandanschrift: (01/2004)

Name, Vorname: ....

Kunde: ☐ Lehrer   Fach: ....
☐ Student ☐ Schüler ☐ Sonst.

Straße u. Nr.: ....

PLZ/Wohnort: ....

e-mail: ....

Antwort

C. Bange Verlag
Postfach 11 60

D-96139 Hollfeld

Wege steht, so spielt auch Miezes Prostitution für ihr emotionales Verhältnis zu Biberkopf kaum eine Rolle. Franz wird nicht eifersüchtig, weil sie Freier hat, sondern als sie ihm, während Reinhold als Beobachter im Bett liegt, gesteht, dass sie sich in einen Freier verliebt hat: „Loof doch zu dem, wenn du den liebst, du Aaas." „Ich bin keen Aas, sei doch jut, Franzeken, ich hab ihm ja schon gesagt, es geht nicht, und ick gehör ja dir." (S. 335)

Ihre Liebe zu Franz geht so weit, dass das bürgerliche Verhältnis (der Mann sorgt für die Frau) sogar auf den Kopf gestellt wird; Mieze will sich weiter prostituieren, damit Franz sein Leben genießen kann und nicht „arbeiten" gehen muss. Mieze versöhnt sich trotz der brutalen Schläge, mit denen Franz auf sie eindrischt, wieder mit ihm, lässt sich aus Sorge um ihn sogar mit den Pums-Leuten und Reinhold ein, was sie schließlich ins Verderben führt. Aber wie Eva ihre Geheimnisse vor Herbert hat (sie will ihm sagen, das Kind sei von ihm), so belügt auch Mieze Franz (wenn auch aus guter Absicht), als sie sich mit Reinhold trifft (sie erzählt Franz, sie sei mit ihrem Freier unterwegs). Ihre festen Vorsätze, Franz treu zu bleiben und Reinhold lediglich auszuhorchen, kommen ins Wanken, als ihre sexuellen Triebe durch Reinhold geweckt werden („Da hat er sie in den Armen. Zwei Arme hat der Junge. Und wie der pressen kann. (...) Wenn der noch paar Mal so macht, bin ich hin. (...) Der macht mir schwach; wenn ich mir nicht zusammennehme, dann hat er mir.", S. 348 f.)

Bezeichnenderweise löst sie sich von Reinhold, instinktiv wohl auch die Gefahr spürend, als Reinhold Franz schlecht macht und mit verbaler und körperlicher Aggression Anspruch auf sie erhebt (siehe S. 350 f.). Als sie merkt, dass Reinhold sie ermorden will (vgl. S. 352), hat sie nur wieder

Franz im Sinn: „Mörder, Hilfe, Franz, Franzeken, komme."
(S. 352) Bei aller Kaltschnäuzigkeit und Professionalität, die
sie im Beruf kennzeichnen, verbindet Mieze mit Franz doch
das Gefühl echter Liebe und tiefer Fürsorge.

2.5 Sachliche und sprachliche Erläuterungen

Vorbemerkung: Aus Platzgründen können hier nur einige wenige Begriffe des Romans erläutert werden. Ausdrücklich soll an dieser Stelle deshalb auf den Band von Gabriele Sander (Reclam Erläuterungen und Dokumente) hingewiesen werden. Dort werden auf rund 60 Seiten Wort- und Sacherklärungen geboten.

Schubiack (S. 19)	Lump
Rebbe (S. 21)	Gesetz- und Religionslehrer
Schläfenlocken (S. 22)	Haartracht orthodoxer Juden
meschugge (S. 24)	verrückt
jieprig (S. 33)	gierig
Mampe (S. 36)	Kräuterlikör der gleichnamigen Firma
Krimmerkragen (S. 58)	Kragen aus Lammfell
Momang (S. 67)	Moment
Nassauer (S. 67)	jemand, der auf Kosten anderer lebt
Mänade (S. 75)	Anhängerin des Dionysos-Kultes, hier: rasende Frau
Molle (S. 83)	ein Glas Bier
zoppe ich los (S. 93)	mache ich mich auf den Weg
Bollen (S. 130)	Zwiebeln
Loeser und Wolff (S. 166)	Zigarren- und Tabakhandlung am Alexanderplatz
Lorke (S. 183)	minderwertiges Getränk, z. B. zu dünner Kaffee
Janzer Schock (S. 202)	60 Stück, hier: viele
Klappe (S. 240)	Bett
Allasch (S. 259)	Kümmellikör

Pfaffenspiegel (S. 269)	Name einer Wochenzeitung
Baba (S. 283)	Wiege, (Kinder-) Bett
Kute (S. 348)	Grube, Senke
Moulage (S. 379)	farbiges Wachsmodell
Wuhlgarten (S. 393)	Berliner Anstalt für Epilepsie-Kranke
pliert (S. 421)	schluchzen
katatoner Stupor (S. 427)	Form der Schizophrenie, verbunden mit Muskelkrämpfen und Wahnideen
Paragraph 51 (S. 445)	Abschnitt des Strafgesetzbuches, die Unzurechnungsfähigkeit von Straftätern betreffend

2.6 Stil und Sprache

Aus den bisherigen Ausführungen er-
gibt sich nahezu zwangsläufig, dass

Vielfalt der Stile

man von **der** Sprache und **dem** Sprachstil des Romans
überhaupt nicht sprechen kann. Vielmehr muss man, analog
zu den Textebenen, von Sprachebenen sprechen, die ihrer-
seits wieder aufgefächert werden können. Zu unterscheiden
sind zunächst die Sprache der einmontierten Texte, die Sprache der Figuren und die Sprache des Erzähler-Ichs.
Entsprechend der Vielzahl der einmontierten Texte und der
unterschiedlichen Textsorten begegnen uns bereits mannig-
faltige Sprachebenen und Stilformen auf dieser Ebene des
Romans: Verwaltungs- und Amtssprache, die Fachsprachen
der Medizin und der Naturwissenschaften, die Sprache der
Bibelzitate und Bibelparaphrasen, die Sprache der Reklame,
die Sprache der Schlager und der einmontierten Lieder, die
Sprache der „Klassiker-Zitate".
Als ein Beispiel für eine der Sprachebenen der einmontierten Texte, die

Fachsprache

Verwendung der Fachsprachen- und Sondersprachen, kann
der Beginn des 2. Buches dienen. Berlin wird über die abge-
bildeten Piktogramme als Verwaltungseinheit „gezeigt"
(S. 49 f.). Die Abbildungen erwecken den Eindruck, als stün-
den wir in einem Rathaus, dessen Hinweisschilder uns auf
die einzelnen Abteilungen der Stadtverwaltung verweisen
(Stadtreinigungs- und Fuhrwesen, Gaswerke, Finanz- und
Steuerwesen etc.). Unser „Blick" fällt von diesen Hinweis-
schildern auf eine Informationstafel mit öffentlichen Be-
kanntmachungen und Verwaltungsverlautbarungen. Als erste Information lesen wir die „Offenlegung eines Planes für
das Grundstück An der Spandauer Brücke 10." (S. 51) Es

schließt sich der Text einer Genehmigung zum Abschuss von wilden Kaninchen an sowie eine Bekanntmachung über das Ausscheiden des Kürschnermeisters Albert Pangel aus dem Ehrenamt des Wohlfahrts-Kommissionsvorstehers.

Die drei Texte weisen spezifische Merkmale der Amts- und Verwaltungssprache (als einer Form der Fachsprache) auf. Die Sprache ist durch ihre Formelhaftigkeit gekennzeichnet („Einwendungen sind schriftlich einzureichen oder mündlich zu Protokoll zu geben"), weist den typischen Nominalstil (plus Verwendung von Funktionsverben) des Amtsdeutschen auf („Einwendungen erheben" statt einwenden, „Genehmigung erteilen" statt genehmigen, „zur Kenntnis bringen" statt bekannt machen, „zum Ausdruck bringen" statt ausdrücken) und kommt auch nicht ohne fachspezifische Kompositabildung aus („Gemeindebezirk", „Bezirksamt", „Grundeigentum" „Wohlfahrts-Kommissionsvorsteher"). Durch die einmontierten Texte, die überhaupt keinen **direkten** Bezug zur Biberkopf-Handlung haben müssen, wird Berlin als Verwaltungseinheit nicht nur benannt, sondern für den Rezipienten „sichtbar" und „erlebbar" gemacht, weil jeder von uns in seinem Alltag mit Verwaltungshandeln und Verwaltungssprache konfrontiert ist. Noch bevor Franz Biberkopf in Kontakt mit der Berliner Verwaltung tritt (er geht zum Sozialamt und verlangt Unterstützung), haben wir einen sinnlichen Eindruck vom Verwaltungshandeln in einer großen Stadt.

Die **Sprache der Figuren** der Biber-

Biberkopf redet als Berliner

kopf-Handlung wird wesentlich bestimmt durch den Sozialraum, in dem sie sich bewegen. Einerseits sind die Figuren am Rande der Gesellschaft angesiedelt, andererseits leben sie auch quer zu ihrer sozialen Schichtung. Über die Sprache von Biberkopf hat Döblin ge-

sagt: „Der einfache Berliner Transportarbeiter Franz Biberkopf redete als Berliner (...).“[54]

Mit Franz Biberkopf begegnet uns ein Mensch, der zwischen
den Klassen steht. Er ist, aus dem Gefängnis kommend,
„ehemaliger Transportarbeiter“. Warum Biberkopf die „Ar-
beiterklasse“ verlassen hat, warum er ins kriminelle Milieu
geraten ist (seine Bekanntschaft mit Herbert reicht in die
Zeit vor Tegel zurück!), erfahren wir allerdings nicht. Seiner
sozialen Herkunft nach spricht Biberkopf die Umgangssprache der Arbeiter, zugleich bewegt er sich im Sozial- und
Sprachraum des „Milieus“. Dementsprechend tauchen Elemente der Ganovensprache auf. Aufgewachsen und lebend
im Berliner Raum, spricht er „als Berliner“.

Das Berlinerische äußert sich im
Wortschatz der Figuren (Schnabus,

Das Berlinerische

Molle, Plautze, Kruke, fuffzig, glubschen, ankieken), im
Lautstand (det, et, icke, jehen, Jeschäft), in den Kontraktio-
nen (sagste, siehste, sone, rin) und in der fehlerhaften Kasus-
verwendung („Lass mir doch los“, Lass dir einmotten!“, „von
deine Mutti“, „mit seine Pakete“). Auch der Tod, der mit
Franz im 9. Buch spricht, scheint Berliner zu sein.
Zumindest beherrscht er die Berliner Mundart: „Ick habe
mein Lebtag keenen Franz Biberkopf gesehn. Als ick dir Lüders schickte, haste die Augen nich aufgemacht, biste zu-
sammengeklappt wie ein Taschenmesser und dann haste ge-
soffen, Schnaps und Schnaps und nischt als saufen.“ (S. 433)[55]

Der Wortschatz der Ganovensprache
fließt in den Sprachgebrauch der Fi-

Ganovensprache

guren ein. Der Zuhälter Biberkopf ist „Lude“, er muss

---

54 Zitiert nach Prangel, S. 47
55 Lautstand: ick statt ich; Kontraktion: haste statt hast du, biste statt bist du; Entdiphtongisierung:
    keen statt keinen

„Schmiere stehen", die „Bullen" sind hinter den „Ganoven" her, und die „Ganoven" möchten „Pinke" machen. Neben den bereits genannten sprachlichen Elementen ist als Soziolekt noch das Jiddische zu erwähnen. Über Gespräche Biberkopfs mit den Juden werden diese Sprachelemente in den Roman eingebunden (1. Buch u. 4. Buch).

Das Erzähler-Ich beherrscht souverän alle Sprachformen und Stilebenen. Der Erzähler verwendet (im Erzählerbericht) überwiegend die **Umgangssprache** des Alltags in Berlin, bedient sich aber des Ganovenjargons ebenso wie der Sprache der Bibel und aller anderen einmontierten Textsorten. Einige stilistische Besonderheiten sollen dennoch hervorgehoben werden. Der Erzähler will uns das Leben in der Stadt

Lautmalerei

auch hörbar machen. Dieser Absicht dienen die **onomatopoietischen Effekte**. „Rumm rumm wuchtet vor Aschinger auf dem Alex die Dampframme." (S. 165) Das Wuchten des technischen Großgeräts wird hier verlautlicht. Dem „rumm rumm" der Dampframme entspricht das „ruller ruller" der Straßenbahnen, deren Fahrgeräusche auf diese Weise lautlich nachempfunden werden (ebd.). Die Züge „rummeln" vom Bahnhof ab (ebd.). Der Schlag macht „wumm", das Tor macht „knack" oder „krach", die Hure Babylon macht „schnarr, schnarr" (S. 423), der Sturm heult „huh, hua, huh-uu-uh."(S. 353) Gegenstände, Geräte und die Natur werden durch diese Lautmalerei anthropomorphisiert, werden zu dynamischen Elementen im Leben der Menschen, wirken auf sie ein.

Funktionen der Wiederholungen

Auffällig sind auch die zahlreichen **Wiederholungen**: „Ich schlage alles, du schlägst alles, er schlägt alles mit Kisten zu 50 Stück und Kartonpackung zu 10 Stück (...), ich schlage alles, du schlägst lang hin." (S. 166) In diesem Beispiel steht die **Lust am Sprachspiel** im Vordergrund, das Ausreizen der

Sprachspiele

Sprache hinsichtlich einer verblüffenden Pointe. Ausgangspunkt in diesem Beispiel ist das Zigarrenangebot der Firma Loeser und Wolff, deren Zigarrensorten zunächst aufgezählt werden. Von der Ebene der ökonomischen Konkurrenz (einen Konkurrenten aus dem Felde schlagen) läuft die Wiederholung über das Verb „schlagen" dann auf den Alltagsvorgang des Hinfallens zu.

Wiederholungen dienen auch der **Steigerung der Spannung** oder der **Intensivierung eines Vorgangs**. In

Wiederholungen und ihre Funktion

die Darstellung der Ermordung Miezes durch Reinhold ist (in Variationen) mehrfach der Hinweis auf die Vergänglichkeit des menschlichen Lebens eingebaut.

„Seine Zeit! Seine Zeit! Jegliches seine Zeit. Würgen und heilen, brechen und bauen, zerreißen und zunähen, seine Zeit." (S. 352) Durch diese Vorausdeutung auf Miezes nahen Tod wird die Spannung gesteigert. Der Tötungsvorgang selbst wird durch Wiederholungen intensiviert, fast spürbar gemacht und nahezu ins Unerträgliche gedehnt: „(...) ihr Körper zieht sich zusammen, zieht sich zusammen, ihr Körper zieht sich zusammen." (ebd.) Franz Biberkopfs Leidensprozess wird durch Wiederholungen in seiner Dauer und Intensität nahezu erlebbar (siehe S. 432).

Der Spannungssteigerung, der Intensivierung und Dynamisierung von Vorgängen dient oft die **Reihung von Sätzen** (asyndetisch,

Reihung und ihre Funktion

auch polysyndetisch) bis hin zur Verwendung verkürzter Sätze (Ellipsen).

> *„Und Franz zwischen andere in ein großes Auto verstaut. (...)*
> *kein Messer da. (...) So ein Tagedieb, ein Achtgroschenjunge.*
> *(...) Sie sausen in eine breite Allee ein. Franz sieht noch nach*
> *rückwärts. Er wird mit einmal an der Brust gepackt, nach*
> *vorn gezerrt. Er will aufstehen, er schlägt in Reinholds Ge-*
> *sicht. Der ist aber grausig stark. Der Wind braust in den*
> *Wagen, Schnee fliegt hinein."* (S. 211 f.)[56]

Die drei Ellipsen zu Beginn verdeutlichen die Schnelligkeit
des Vorgangs der Flucht vom Tatort bis zum Wagen und die
blitzartig auftauchenden Gedanken der Figuren. Die Hektik
des Vorgangs im Fahrzeug wird durch die Reihung der kurzen Sätze gespiegelt. Wie der gesamte Handlungsablauf aus
nahtlos ineinander greifenden Einzelprozessen besteht, so gehen die einzelnen Sätze nahezu ohne Bruch ineinander über.
Die Dynamik des Vorgangs wird über die Sprachgestaltung
an den Rezipienten vermittelt, die Hektik der Figuren über-
trägt sich auf ihn.

Hingewiesen werden soll am Schluss auf die Lust des Erzählers

Spiele mit Sprache

am **Sprachspiel** und an nahezu **kaba-
rettistisch-kalauernden Einspreng-
seln**. Während der Fahrt der Pumskolonne, Reinhold und Franz
reden über den „Frauenhandel", wird eingeschoben:

„Das Leben in der Wüste gestaltet sich oft schwierig. Die
Kamele suchen und suchen und finden nicht, und eines Tages findet man die gebleichten Knochen." (S. 208) Der Ein-
schub stellt im Kontext des Romanabschnitts einen ironi-
schen Kommentar zu den großmäuligen Reden der beiden
„Kamele" Reinhold und Franz dar, die sich überheblich über

---

56 Der Abschnitt wird hier sehr stark verkürzt wiedergegeben. Einmontiert sind in diesen Abschnitt
das Naturbild vom schwarzen Wasser und die Verweise auf Jeremia, ebenso fehlen die wörtliche
Rede und Teile des inneren Monologs der Figuren.

Frauen äußern („Werden wir uns wegen ein Mädel uffregen, wat. Die müsste erst geboren werden, wat?", ebd.).

Komik wird auch entwickelt durch Liedversatzstücke, eingebaute Verse, durch Reimverwendung, durch Alliterationen, Assonanzen und den Aufbau von Kontrasten. Über Franz und Lina heißt es einmal:

> *„Im Lokal sank sie ihm stehenden Fußes an die Körpergegend, die sie für sein Herz hielt, die aber unterhalb seines Wollhemdes genauer sein Brustbein und der Oberlappen der linken Lunge war. Sie triumphierte, als sie den ersten Gilka runtergoss: ‚Und denn, seinen Mist kann er sich auf de Straße zusammensuchen.' Nun, o Unsterblichkeit, bist du ganz mein, Lieber, was für ein Glanz verbreitet sich, Heil, Heil, dem Prinz von Homburg, dem Sieger in der Schlacht von Fehrbellin, Heil.' (Hofdamen, Offiziere und Fackeln erscheinen auf der Rampe des Schlosses.) ‚Noch een Jilka.'"* (S. 78)

Zwei Redewendungen (ans Herz sinken/stehenden Fußes) werden ineinander geschoben. Dadurch entsteht eine Dissonanz (stehen/sinken). Die pathetische Redewendung „ans Herz sinken" wird durch den Verweis auf die Kleidung Biberkopfs und die Verortung des Herzens im Kontext der Medizinersprache banalisiert (gleichzeitig auch in ihrer Hohlheit demonstriert). Zudem wird eine (unangemessene) Parallele zwischen Linas „Sieg über die schwulen Buben" und den Textelementen aus Kleists *Prinz von Homburg* aufgebaut. Die verrauchte Kaschemme bildet den Kontrast zum Schloss, das Kneipenpublikum stellt den Gegensatz zu den Hofdamen und Offizieren dar, Linas „Sieg" über den Zeitungshändler steht kontrapunktisch dem Sieg des Prinzen von Homburg in der Schlacht bei Fehrbellin gegen über.

Diese Kontrastbildung wirkt komisch und stellt zugleich ein Interpretationsgefüge her. Das Pathos

Funktion der Kontrastbildung

der „hohen Literatur" wird ironisierend „eingedampft", die Gespreiztheit der stilisierten Sprache wird durch die Unangemessenheit des Kontextes hinterfragt. Im Gegenzug werden „einfache Menschen" in den Kontext „klassischer Helden" gesetzt. Ihr banaler Alltag bekommt den Anstrich des Heroischen.

Auch wenn der Erzähler sich manchmal in seinen Sprachspielereien zu verlieren scheint, so bleibt doch festzuhalten, dass die verwendeten sprachlichen Mittel, wie alle anderen in diesem Abschnitt des Bandes behandelten erzählerischen Mittel, dem Aufbau eines umfassenden und plastischen Wirklichkeitsbildes dienen und insofern in einem Zusammenhang mit dem gesamten Erzählprozess zu sehen sind.

2.7 Interpretationsansätze

Der folgende Abschnitt bietet keinen umfassenden Deutungs-
ansatz, sondern rückt Döblins Montagetechnik und den
Schluss des Romans in den Vordergrund. Beide Aspekte können im Zusammenspiel mit den bereits behandelten Elementen des Romans allerdings als zentral für das Verständnis des
Romans gesehen werden.

Döblin weist im Brief an Paul Lüth darauf hin, dass die
Montage in einer anderen Kunstform, der des Films, ihren
künstlerischen Ausdruck gefunden hat. Er stellt dabei selbst
einen Bezug zwischen seinem Roman und dieser anderen
Kunstgattung her, die sich, aufgrund der filmtechnischen
Entwicklung, dieses Prinzips bedienen konnte.

> *„Zweifellos muss Döblin in der Montage des russischen Revolu-
> tionsfilms und ihrer von Eisenstein und Pudowkin ausgebildeten
> theoretischen Begründung ein Strukturprinzip seiner Schreibwei-
> se gefunden haben, denn fast zu perfekt beherrscht er das Re-
> pertoire der Montagetechnik jener beiden Regisseure."*[57]

Um das Montageprinzip zu illustrie-
ren, soll ein Beispiel aus dem 1. Buch
von *Berlin Alexanderplatz* dienen.

Montage: ein Beispiel aus dem
1. Buch

Franz Biberkopf sitzt im Kino und schaut sich einen Liebesfilm an. Als im Film der Mann die Frau umarmt, läuft es
Biberkopf „heiß über die Brusthaut, als wenn er sie selbst
umarmte. Das ging auf ihn über und machte ihn schwach."
(S. 32) Biberkopf verlässt das Kino. „Wat machen wir? Ick

---

57 E. Kaemmerling, *Die filmische Schreibweise*, in Prangel, S. 191. Oben erwähnter Brief Döblins
   an Lüth vom 9. 10. 1947, in: Prangel, S. 48 f.

bin frei. Ick muss ein Weib haben. Ein Weib muss ick haben." (S. 33) Es eröffnet sich ein doppelter Gegensatz. Am Ende des 1. Abschnittes des 1. Buches, Franz steht vor den Toren Tegels an der Haltestelle der Linie 41, ist also wieder frei, heißt es: „Die Strafe beginnt." (S.15) Das Entlassenwerden in die Freiheit wird als Beginn der eigentlichen Strafe gekennzeichnet. Der zweite Gegensatz tut sich auf durch die Koppelung der Begriffe „Freiheit" und „müssen" (Zwang). Biberkopf steht nach vierjähriger Haft jetzt unter dem Zwang, seinen Sexualtrieb zu befriedigen, somit ist er nicht frei (nur im juristischen/strafrechtlichen Sinne ist er „frei"). Die folgenden Episoden führen in der Tat vor, dass er nicht frei (im Sinne von gelöst und entspannt) ist (zweimaliges Auftreten von Impotenz). Franz sucht eine Prostituierte auf. Seine psychische Verfassung ist durch inneren Druck gekennzeichnet („Donnerkiel, wo kriegen wir mit einmal die Eisbeene her. Er zog mit ihr los, zerbiss sich die Unterlippe, so schauerte ihn (...).", S. 33) Er drängt und bedrängt die Prostituierte. Nachdem er bezahlt und gesagt hat, dass er in Tegel war, heißt es weiter:

> „*Das schwammige Weib lachte aus vollem Hals. Sie knöpfte sich oben die Bluse auf.* **Es waren zwei Königskinder, die hatten einander so lieb. Wenn der Hund mit der Wurst übern Rinnstein springt.** *Sie griff ihn, drückte ihn an sich.* **Putt, putt, putt, mein Hühnchen, putt, putt, putt, mein Hahn.**" (S. 33 f.)

In den Erzählvorgang schieben sich hier einmontierte Textelemente (durch Fettdruck zur Verdeutlichung durch mich hervorgehoben, B. M.), nämlich zwei Zeilen aus einem Volkslied (Königskinder) und Elemente aus zeitgenössischer „Alltagspoesie".

> *„Literarische Montage besteht in der unvermittelten Einfügung eines oder mehrerer in der außerfiktiven Welt vorgeformter Texte in den laufenden Erzählprozess; diese zeichnen sich für die Welterfahrung des Lesers durch ihr jeweils typisches Sprachmuster aus und suggerieren damit Wirklichkeitsechtheit (…).“* [58]

Was heißt Montage?

Entscheidend ist dabei, dass die einmontierten Texte Assoziationen freisetzen, die im Kontext des Erzählvorgangs Deutungsmöglichkeiten eröffnen. Wie die zwei Königskinder im Volkslied nicht zusammenkommen („Das Wasser war viel zu tief"), so kommen Biberkopf und die Prostituierte ja auch nicht zusammen (Biberkopfs Potenzstörungen).[59]

Funktion der einmontierten Elemente

Wie der Hund die Wurst verliert (bzw. wie ihm die Wurst weggenommen wird), so verliert Biberkopf seine Manneskraft. Und wie die Prostituierte Biberkopf an sich drückt, nach ihm greift und ihn lockt, wird im Vers von Hahn und Huhn (putt, putt, putt: lautmalerisches Anlocken von Hühnern beim Füttern) dargestellt und gleichzeitig durch Kontrastbildung ironisch gebrochen.

Verfolgen wir zur Verdeutlichung des Montagestils die Prostituierten-Episode noch weiter! Franz sucht eine zweite Prostituierte auf, geht mit ihr aufs Zimmer.

---

58 Jürgen Stenzel, *Mit Kleister und Schere – Zur Handschrift von Berlin Alexanderplatz* in: text und kritik, Heft 13/14, München 1972, S. 39 f. Das Gedicht *Es waren zwei Königskinder* umfasst insgesamt 17 Strophen, deren erste vollständig lautet:
„Es waren zwei Königskinder,
Die hatten einander so lieb;
Sie konnten zusammen nicht kommen,
Das Wasser war viel zu tief." (Der Autor ist unbekannt)

59 Auf die zweite Assoziationsmöglichkeit – die beiden Königskinder stehen für die Brüste der Prostituierten – soll verwiesen werden.

"Sie pafft, streichelt ihm die Haare, trällert, lacht. Der Schweiß auf seiner Stirn! Die Angst, wieder! Und plötzlich rutscht ihm der Kopf weg. Bumm, Glockenzeichen, Aufstehn, 5 Uhr 30, 6 Uhr Aufschluss, bumm bumm, rasch noch die Jacke bürsten (...). Er stöhnt, sein Kopf hebt sich, er sieht das Mädchen, ihr Kinn, ihren Hals. Wie komm ich bloß aus dem Gefängnis raus. Sie entlassen mir nich. Ick bin noch immer nich raus." (S. 36)

In den Erzählvorgang eingeschoben, hier allerdings über Gedanken Biberkopfs, sind Elemente der Gefängnisordnung (Glockenzeichen zum Aufstehen um 5. 30 Uhr, Verlassen der Zellen zum Morgenappell um 6. 00 Uhr). Biberkopfs Angst, erneut zu versagen (der Schweiß auf seiner Stirn), weckt Erinnerungen an die Zeit im Gefängnis, auch an die Angst, nicht entlassen zu werden ("Sie entlassen mir nich."). Gegenwart (Versagensangst) und Vergangenheit (Angst, im Gefängnis bleiben zu müssen) schieben sich im Bewusstsein der Figur in- und übereinander und führen zur Erkenntnis: "Ick bin noch immer nich raus."[60] Nun wird auch deutlich, dass Franzens Erwähnung seines Aufenthaltes in Tegel beim Besuch der ersten Prostituierten (siehe oben) nicht zufällig erfolgte.

Fluchtartig verlässt Biberkopf die Prostituierte und "brütet im Lokal über einem Glas Helles."(S. 36) An diesen Satz schließt Döblin einen Reklametext für ein potenzsteigerndes Mittel an und fügt (vielleicht übernommen aus dem Beipackzettel des Produkts) eine Erklärung für Impotenz hinzu:

---

60 Dieser Satz bildet einen Kontrapunkt zum oben zitierten Satz: "Ick bin frei."

„Die Hauptursachen der Impotenz sind: A. ungenügende La-
dung durch Funktionsstörung der innersekretorischen Drüsen;
B. zu großer Widerstand durch überstarke psychische Hem-
mungen, Erschöpfung des Erektionszentrums. Wann der Impo-
tente die Versuche wieder aufnehmen soll, kann nur individuell
aus dem Verlauf des Falls bestimmt werden. Eine Pause ist oft
wertvoll.“ (S. 36 f.)[61]

Döblin führt uns die Gründe für das sexuelle Versagen Biberkopfs somit in einem Zweischritt vor. Zunächst einmal
durch die Darstellung der angstbesetzten Reaktionen der Figur selbst, dann in verallgemeinerter Form durch die Ausführungen des medizinischen Textes. Beide Textebenen beziehen sich aufeinander, durchdringen einander, erhellen
sich gegenseitig, heben auch die Grenze zwischen Fiktion
(Biberkopf-Geschichte) und Wirklichkeitsebene (Lebenswirklichkeit des Rezipienten) auf. Deshalb ist für

„(...) die Besonderheit der Form von Döblins Roman (...) der
Begriff der Montage der allein gemäße. Er bedeutet die Verbin-
dung der verschiedenartigsten Elemente zu einem Ganzen, wo-
bei die Teile dieses Ganzen häufig als Glieder deutlich unter-
scheidbar sind, vielfach jedoch nahtlos ineinander übergehen.“[62]

Im Gesamtzusammenhang der oben
behandelten Textpassagen aus Döblins Roman werden die Grundele-
mente der Darstellungstechnik und ihrer Funktion deutlich.

Aufbau und Funktionsweise
der montierten Passagen

---

61 Eine solche „Pause" gönnt sich Franz Biberkopf. Drei Tage lang tut er nichts anderes als „fressen
und saufen und schlafen." (S. 37) Dann entschließt er sich, Minna, die Schwester Idas, aufzusuchen. Diese Textpassage dokumentiert, wie andere Verweise auf Krankheiten und medizinische
Ausführungen im Roman auch, Döblins Kenntnisse und Erfahrungen als Arzt.
62 Erich Hülse, S. 60

Der lineare Erzählvorgang (Biberkopf sucht zwei Prostituierte auf, hat Potenzstörungen) wird unterbrochen (Texteinschübe). Die Unterbrechungen stehen in direktem oder indirektem Zusammenhang mit dem Erleben (den inneren Vorgängen) der Figur (die einmontierten Verselemente im ersten Beispiel) oder verallgemeinern das Erleben (die inneren Vorgänge) der Figur und zeigen damit Exemplarisches auf (Biberkopfs sexuelles Versagen wird auf ein Grundmuster zurückgeführt, das der Gebrauchstext mit seinen medizinischen Erklärungen beschreibt). Die einmontierten Textelemente setzen gleichzeitig Assoziationen beim Rezipienten frei (teilweise auch vermittelt über Assoziationen der Figur) und verkoppeln die Ebene der Geschichte (der Fabel) mit der außerliterarischen Wirklichkeit (den Erfahrungen des Rezipienten). Die unterschiedlichen Sprachebenen (Erzählerbericht, einmontierte Texte und Textsorten) dynamisieren die Darstellungsweise, heben gleichzeitig die Grenze zwischen Fiktion und außerliterarischer Wirklichkeit auf und führen zu einem ständigen Perspektivwechsel (Innenperspektive der Figur/„diagnostischer Blick" von außen). Das Geschehen (der Vorgang) wird somit aus verschiedenen Perspektiven, die sich gegenseitig verfremden und den

Perspektivwechsel und plastisches Bild der Wirklichkeit

Vorgang dadurch insgesamt erhellen, beleuchtet, und es entsteht ein umfassendes (plastisches, mehrdimensionales) Bild der Wirklichkeit, wobei die außerliterarische Wirklichkeit nicht einfach nur abgebildet wird, sondern im Prozess des dynamisierten Erzählens, in das der Rezipient gleichsam hineingezogen wird, indem seine Assoziationen freigesetzt werden, eine umfassendere Wirklichkeit recht eigentlich erst aufgebaut wird.

Die von Döblin gewählte Darstellungsweise erscheint somit als adäquate Reaktion auf die Wirklichkeit modernen Lebens selbst, auf die Flut von Einzelprozessen, die Atomisierung und Chaotisierung von Lebensvorgängen, die Reiz- und Impulsfülle, die Bewegungsdynamik vor allem des großstädtischen Lebens, für die der titelgebende „Alexanderplatz" in Berlin Abbild und Sinnbild zugleich ist. Und so entsteht das Bild Berlins (und die Stadt Berlin steht wiederum nur für das Leben selbst) „(...) durch Montage und Collage zahlloser zufälliger Wirklichkeitsfetzen. (...) Ein Erzähler, der alles weiß und auch das Verborgene sieht, rafft ein unermessliches Material zusammen. (...) Die Technik der Montage ermöglicht den Si-

Simultanstil

multanstil."[63] Dadurch werden Vorgänge und Prozesse der äußeren Welt, das Innenleben (die seelischen Vorgänge) der Figuren und ihre Reaktionen und Verhaltensweisen, scheinbar Zufälliges und eine Fülle (oftmals verwirrend wirkender) Details, individuelle Erfahrungen und kollektive Prozesse zu einem Gesamtprozess synthetisiert, der, obwohl bzw. weil seine einzelnen Bestandteile erkennbar bleiben, dem Rezipienten einen panorama-artigen und zugleich einen ins Detail gehenden Blick auf die Wirklichkeit eröffnet. So wird der Roman zu mehr als der „Geschichte vom Franz Biberkopf". Über die einmontierten Elemente (Nachrichtenfetzen, Wetterberichte, Statistiken, Werbeslogans etc.) werden die Biberkopf-Fabel und der kollektive Prozess eines dynamischen Großstadtlebens miteinander verschränkt.

Das Montageprinzip wendet Döblin auch bei den Darstellungsweisen und Redeformen an. Hier verkoppelt er,

**Montage der Darstellungs-
formen und Redeweisen**

---

63 Walter Muschg, in: Manfred Brauneck (Hg.), S. 171

manchmal innerhalb einer kurzen Passage, Erzählerbericht, direkte Rede, indirekte Rede, erlebte Rede und inneren Monolog. Perspektivwechsel, Einblicke in die seelischen Vorgänge der Figuren, Dynamisierung des Geschehens (oder der Gedankenvorgänge) sind die Absicht dieser Verfahrensweise.[64]

Für das Verständnis des Romans und seine Interpretation ist

Der Schluss des Romans

der Schluss von ganz besonderer Bedeutung.

Nach dem Prozess gegen Reinhold bekommt Franz Biberkopf eine Stelle als Portier angeboten. Mit dem Hinweis auf diese Anstellung wird er sogleich aus dem Roman entlassen („Weiter ist hier von seinem Leben nichts zu berichten. Wir sind am Ende dieser Geschichte.", S. 452 f.).

Der Erzähler betont sodann die Notwendigkeit, Biberkopfs Geschichte so ausführlich zu erzählen, um in einem weiteren Abschnitt Biberkopfs Schicksal in einer Weg- und Lichtmetapher noch einmal aufzuzeigen.

Weg- und Lichtmetaphorik

„Wir sind eine dunkle Allee gegangen, keine Laterne brannte zuerst, man wusste nur, hier geht es lang, allmählich wird es heller (...), zuletzt hängt da die Laterne, und dann liest man endlich unter ihr das Straßenschild. Es war ein Enthüllungsprozess besonderer Art. Franz Biberkopf ging nicht die Straße wie wir. Er rannte drauflos, diese dunkle Straße, er stieß sich an Bäume, und je mehr er ins Laufen kam, um so mehr stieß er an Bäume. Es war schon dunkel, und wie er an Bäume stieß, presste er entsetzt die Augen zu. Und je mehr er sich stieß, immer entsetzter klemmte er die Augen zu. Mit zerlöchertem Kopf, kaum noch

---

64 Siehe als Beispiel etwa die Darstellung der Flucht auf den Seiten 197 f.

bei Sinnen, kam er schließlich doch an. Wie er hinfiel, machte er die Augen auf. Da brannte die Laterne hell über ihm, und das Schild war zu lesen." (S. 453)

Franz Biberkopf war dem Leben gegenüber blind. Schicksalsschläge verarbeitete er falsch. Sie öffneten ihm nicht die Augen (er presste und klemmte sie immer stärker zu), sondern er wurde orientierungsloser (rannte drauflos). Erst als er fiel, am Ende des dunklen Weges, wurde er sehend (das Licht der Laterne, das Schild war zu lesen). Durch die zweimalige Verwendung des Personalpronomens „wir" stellt der Erzähler noch einmal eine Beziehung zum Rezipienten her und betont Unterschiede zu Franz Biberkopf. „Wir" sind eine dunkle Allee gegangen, heißt es. Der Leser hat, gemeinsam mit dem Erzähler, Biberkopf auf seinem Weg begleitet. Auch der Weg des Lesers und des Erzählers ist, wie der Weg Biberkopfs, „dunkel". Aber es gibt einen Unterschied: Franz Biberkopf geht seinen Weg nicht „wie wir". „Wir" (im Text teilweise ersetzt durch das unpersönliche, gleichzeitig verallgemeinernde „man") können das „Straßenschild" lesen, noch bevor es Biberkopf tut, der erst noch fallen muss, damit ihm die Augen geöffnet werden.

Wir können den Text des Schildes lesen, weil wir am „Enthüllungsprozess besonderer Art" (S. 453) mit wachen Augen teilgenommen haben und am Leben mit wachen Augen teilnehmen.

Die andere Sichtweise (die andere Art, den Lebensweg zu gehen) ist Voraussetzung für Franz, um das Schild lesen zu können. Lesen kann er es erst (sehend wird er erst), als er dem Tod gegenübertritt, seine eigenen Fehler erkennt, seine Schuld eingesteht, Reue zeigt, seinen Hochmut und seine

Biberkopfs Wandlung

Naivität fahren lässt, seine Kraftmeierei aufgibt und erkennt, dass er als Einzelner (und als Vereinzelter) sich immer wieder im Dunkel verirren wird. Mit einem letzten „Blick" auf den „neuen" Biberkopf werden die Zeichen des Schildes entschlüsselt:

➢ Franz sieht nicht mehr nur auf sich, er **nimmt die anderen wahr**: „Er steht nicht mehr allein am Alexanderplatz. Es sind welche rechts von ihm und links von ihm, und vor ihm gehen welche, und hinter ihm gehen welche." (ebd.)

➢ Franz nimmt die anderen nicht nur wahr, **er geht mit diesen anderen den Weg gemeinsam und kommt dadurch zu einem größeren Verständnis seiner selbst**: „Viel Unglück kommt davon, wenn man allein geht. (...) Man muss sich gewöhnen, auf andere zu hören, denn was andere sagen, geht auch mich an. Da merke ich, wer ich bin und was ich mir vornehmen kann." (ebd.)

➢ Franz erkennt, dass er **nicht als Individuum** allein das Leben bestehen kann, sondern dass er sich als **kollektives Wesen** begreifen muss, das sich auch auf andere bezieht: „Was ist denn das Schicksal? Eins ist stärker als ich. (...) Und wenn wir tausend sind und eine Million, dann ist es ganz schwer." (ebd.)

➢ Franz erkennt, dass der Einzelne nur als **Teil eines Ganzen Glück erfahren und die Wirklichkeit erfassen kann**: „Aber es ist auch schöner und besser, mit andern zu sein. Da fühle ich und weiß ich alles noch einmal so gut." (ebd.)

➢ Franz erkennt, dass er die Verlockungen, denen er ausgesetzt ist, die Anforderungen, die an ihn herangetragen werden, und die Worte, die auf ihn einprasseln, in **sozialer Verantwortung** kritisch überprüfen muss, um dann zu handeln: „Was wahr und falsch ist, werd ich jetzt besser wissen. (...) Da rollen die Worte auf einen an, man muss sich vorsehen, dass man nicht überfahren wird (...)." (S. 453 f.)

➢ Franz erkennt, dass man dem **Schicksal nicht hilflos** ausgeliefert ist und sich ihm **nicht fatalistisch ausliefern darf**: „Wenn Krieg ist, und sie ziehen mich ein, (...) und der Krieg ist auch ohne mich da, so bin ich schuld und mir geschieht recht. (...) Da werde ich nicht mehr schrein wie früher: das Schicksal, das Schicksal. Das muss man nicht als Schicksal verehren, man muss es ansehen, anfassen und zerstören." (S. 454)

Was in diesen Passagen des Romans umrissen wird, sind die Konturen eines Menschen-, Gesellschafts- und Weltbildes und eines erkenntnistheoretischen Ansatzes. Der Gegensatz von Individuum und Kollektiv wird nicht vollends aufgehoben, sondern als produktive Spannung erkannt. Der Einzelne kommt nur zum Bewusstsein seiner selbst als Teil des Ganzen. Glück und Fortschritt entstehen nur im wechselseitigen Austauschprozess von Menschen, die sich als soziale Wesen begreifen. Das Leben hält Unglück bereit. Diesem Unglück kann man nicht individuell entgehen, man kann es nur gemeinsam bestehen. Individuelle Erkenntnis (das Prüfen der Worte) geht einher mit sozialer Erfahrung, die sich auch über die Worte der anderen, die wiederum nur geronnene Lebenserfahrung sind, vermittelt. Erkenntnis ist nicht nur auf rationale Erkenntnis begrenzt. „Wissen" und „Fühlen" (wohl auch als Anteilnahme und Mit-Leiden zu verstehen) bilden eine dialektische Einheit dieses Erkenntnisprozesses. Dem Gang der Geschichte sind wir eben nicht hilflos ausgeliefert (Büchner hat einmal vom „grässlichen Fatalismus der Geschichte" gesprochen), wir sind vielmehr an ihm beteiligt und für ihn verantwortlich.[65]

Die Mehrdeutigkeit der Schlusspassage

Die Schwierigkeiten mit dem Schlusskapitel des Romans beginnen mit dem Versuch, den Text auf dem Hintergrund der Entstehungszeit des Romans konkret zu deuten und ihn in die Gegenwart zu übertragen, denn die Aussagen sind gleichermaßen allgemein wie offen und ambivalent. Dies macht der Erzähler schon allein durch einen Hinweis auf Biberkopfs Verhalten deutlich: „Sie marschieren oft mit Fahnen und Musik und Gesang an seinem Fenster vorbei, Biberkopf sieht kühl zu seiner Türe raus und bleibt noch lange ruhig zu Haus."(S. 454) Biberkopf hat sich geöffnet. Er blickt nach draußen, öffnet sogar die Tür (er lässt also die Welt an sich heran). Allerdings bleibt er „kühl", was sowohl auf eine gewisse Abgeklärtheit (er prüft die Worte) hindeuten kann, was auch ein Zeichen für Distanziertheit sein kann (Wofür begeistert er sich? Welcher Gesang, welche Fahnen, welche Musik sprechen ihn an?). Zudem bleibt er „noch lange ruhig zu Haus". Wann wird er also „unruhig", wann verlässt er das Haus? Wem schließt er sich an? Mit wem geht er mit?

Am Ende des dritten Jahrzehnts des zwanzigsten Jahrhunderts ziehen sowohl die Kommunisten als auch die Faschisten mit Fahnen, Musik und Gesang an Biberkopfs Fenster vorbei. Ist der ehemalige Verkäufer des „Völkischen Beo-

---

65 „Ich studierte die Geschichte der Revolution. Ich fühlte mich wie vernichtet unter dem grässlichen Fatalismus der Geschichte."(G. Büchner, *Brief an die Braut* vom November 1833)

bachters" und Leser der „Roten Fahne" nur zur Erkenntnis seiner selbst gekommen oder hat er auch einen politischen Standpunkt eingenommen? Verlässt er, wenn er nicht mehr „zu Hause" ist, seine Wohnung als „Genosse" oder als „Volksgenosse"? Wird er aktiver SA-Mann oder „nur" Mitläufer des Faschismus? Oder erkennt er die Zeichen der Zeit und stemmt sich gegen die aufkommende Diktatur und den Krieg?

Die Schlusszeilen des Romans geben keine Antworten, sondern vermehren die Fragen eher noch durch ihre Offenheit:

> **Deutungsoffenheit**

> *„Es geht in die Freiheit, die Freiheit hinein, die alte Welt muss stürzen, wach auf, die Morgenluft.*
> *Und Schritt gefasst und rechts und links und rechts und links, marschieren, marschieren, wir ziehen in den Krieg, es ziehen mit uns hundert Spielleute mit, sie trommeln und pfeifen, widebum, widebum, dem einen gehts grade, dem andern gehts krumm, der eine bleibt stehen, der andere fällt um, der eine rennt weiter, der andere liegt stumm, widebum, widebum."*
> (S. 454 f./Kursivsetzung im Original)[66]

Der Schluss hat Döblin unterschiedliche Kritiken eingebracht und unterschiedliche Erklärungsansätze gefunden.[67] Ein Teil der Erklärung ist vielleicht in Döblins Biografie zu suchen. Er hat mit der politischen Linken sympathisiert (war auch zeitweilig Mitglied der USPD bzw. SPD). Aber seine eigenen politi-

> **Döblin und die Politik**

---

66 Das gewählte Vokabular (Freiheit, alte Welt muss stürzen) ist durchaus deutungsoffen. Zudem: Welcher Krieg ist gemeint? (Immerhin werden 10 Jahre nach Erscheinen des Romans deutsche Männer wie Biberkopf wieder in einen Krieg ziehen.) Warum steht am Ende des Romans ein sprachspielerischer „Gag" (gehts krumm-fällt um-liegt stumm-widebum)?
67 Siehe hierzu auch Teil 5 des Bandes (Materialien).

schen Auffassungen waren mit denen der organisierten Linken nur teilweise kompatibel. In der Parteienlandschaft ist er nicht wirklich heimisch geworden, sein Menschenbild und sein Geschichtsverständnis ziehen Grenzlinien zu den im politisch-taktischen Alltagsgeschäft verstrickten Parteien und Organisationen und den damit verbundenen Dogmen.[68]
Döblin muss den Schluss des Romans wohl selbst als Schwä-

Döblin zum Schlusskapitel

che gesehen haben, wenn er in einem Brief an Julius Petersen vom September 1931 schreibt:

> „1. ist dies Buch als Erstes gedacht zu einem zweibändigen. Das zweite sollte (oder soll?) den aktiven Mann, wenn auch nicht dieselbe Person, geben; der Schluss ist sozusagen eine Überbrückung – aber das andere Ufer fehlt. [...] In ‚Berlin Alexanderplatz' wollte ich durchaus den Franz Biberkopf zur zweiten Phase bringen – es gelang mir nicht. Gegen meinen Willen, einfach aus der Logik der Handlung und des Plans endete das Buch so; es war rettungslos, mir schwammen meine Felle davon."[69]

Diese ursprünglich also einmal geplante Fortsetzung von *Berlin Alexanderplatz*, die den „aktiven Mann" zeigen sollte, hat Döblin nicht geschrieben. Er musste (oder wollte) und wir müssen auf diese Fortsetzung verzichten. Darin liegt letztlich

---

68 Siehe hierzu und zum Zusammenhang mit Döblins Schriften *Unser Dasein* und *Wissen und Verändern* ausführlich Hans-Peter Bayerdörfer, in Prangel S. 165–174. Siehe auch die Darstellung der Parteienlandschaft, verbunden mit einer Kritik an der Linken aus anarchistisch-syndikalistischer Perspektive im Romanabschnitt „Verteidigungskrieg gegen die bürgerliche Gesellschaft" (6. Buch).

69 A. Döblin, *Brief an Julius Petersen* vom 18. September 1931, zitiert nach Prangel, S. 42. Döblin spricht in diesem Zusammenhang davon, dass in seinen Anschauungen sich ein eher „passiv-rezeptives Element mit tragischer Färbung" und ein „aktives Element, das mehr optimistisch ist", gegenüberstehen (ebd.).

eine Chance – und vielleicht ist dieser „offener Schluss" sogar konsequenter, als es eine mögliche Fortsetzung hätte sein können.

Döblin entlässt am Ende seines Romans den Protagonisten aus dem Erzählvorgang. Wir haben seine Entwicklung bis zu einem bestimmten Punkt verfolgen können

> Aufforderung an den Rezipienten

(Biberkopf hat ein Bewusstsein seiner selbst und von der Welt erlangt). Zugleich gibt der „allwissende Erzähler" am Ende des Romans seine Allwissenheit auf; er gibt nicht vor, mehr zu wissen, als er wissen kann. Er stellt uns lediglich einen Rahmen zur Verfügung. Das Bild zu dem Rahmen müssen wir selbst malen. Indem er uns Biberkopf nicht als den „aktiven Mann", zeigt, spielt er dem Rezipienten den Ball zu[70], mobilisiert im Rezipienten den Prozess, vor dem Biberkopf ebenfalls noch steht. Wie Biberkopf müssen auch wir vom allgemeinen Wissen zur konkreten Erkenntnis kommen, wir müssen, wie Biberkopf, vom Beobachter zum Handelnden werden. Indem der Roman konkrete (auf den politischen Alltag bezogene) Handlungsanweisungen verweigert, sind wir aufgerufen, diese für unsere Zeit selbst zu erarbeiten.

---

70 „Der Ball, seht, der fliegt nicht, wie Ihr ihn werft, er fliegt ungefähr so, aber er fliegt noch ein Stückchen weiter, weiß man, und ein bisschen beiseite." (S. 44)

3. Themen und Aufgaben

Die Lösungshilfen beziehen sich auf die Kapitel der vorliegenden Erläuterung.

1. Thema: Die Stadt als Mit- und Gegenspieler

▶ Untersuchen Sie anhand der ersten Abschnitte des 2. Buches (S. 49–S. 54), welche Elemente des Stadtlebens aufgeführt werden und welche Intention damit verbunden ist! — Lösungshilfe siehe 1.2 und 2.7

▶ Untersuchen Sie die „Schlachthofpassage" (S. 136–S. 143) hinsichtlich ihrer Funktion für die Beschreibung der Lebenswirklichkeit in Berlin und hinsichtlich ihrer leitmotivischen Funktion! — Lösungshilfe siehe 2.3.4

▶ Erarbeiten Sie einen Kurzvortrag über Berlin zur Zeit der Entstehung des Romans! Unterstützen Sie Ihren Vortrag durch den Einbau geeigneter Passagen aus dem Roman!

2. Thema: Der Aufbau des Romans

▶ Einleitend weist der Erzähler darauf hin, dass etwas, was „wie ein Schicksal aussieht", dreimal gegen Biberkopf „fährt" (S. 11)! Erläutern Sie diese Aussage unter Bezug auf die Kompositionsstruktur des Romans! — Lösungshilfe siehe 2.3.2

▶ Analysieren Sie anhand ausgewählter Pas-   Lösungshilfe
sagen die Rolle des Erzählers!   siehe 2.3.1
▶ Analysieren Sie Döblins Montagetechnik in   Lösungshilfe
der Passage von S. 208–S. 213!   siehe 2.7

3. Thema: Zur Deutung des Romans
▶ Nehmen Sie begründet zu der These Stel-   Lösungshilfe
lung, bei dem Roman gehe es um eine   siehe 2.7/5.
Warnung vor dem aufkommenden Faschis-
mus!
▶ Analysieren Sie den 2. Abschnitt auf   Lösungshilfe
S. 453!   siehe 2.7

4. Rezeptionsgeschichte

Der Erfolg des Romans Der Roman *Berlin Alexanderplatz. Die Geschichte vom Franz Biberkopf* wurde der einzige wirklich große und weltweite Erfolg Alfred Döblins. Das Gesamtwerk des Autors wird nahezu auf diesen einen Roman reduziert, sein Name ist mit diesem Roman verknüpft.

Schon bald nach dem Erscheinen in Deutschland (1929) erfolgten Übersetzungen ins Italienische und Dänische. 1931 wurde der Roman in England und Amerika veröffentlicht. Es folgten spanische, schwedische, französische, tschechische und russische Ausgaben. Die Auflage des Romans in Deutschland lag bis 1933, als Döblins Werk von den Nationalsozialisten verboten wurde, bei etwa 50.000 Exemplaren.

Von der zeitgenössischen Literaturkritik wurde Döblins Roman überwiegend positiv aufgenommen. In seiner positiven Besprechung des Romans schreibt Herbert Ihering:

> *„Was soll man bewundern? Die Fülle oder die Form? Den Reichtum oder die Strenge? Die Drastik oder die Zartheit? Die Konsequenz oder den Humor? Denn das ist das Wunderbare: die Leichtigkeit, mit der hier eine berlinische Welt hingestellt und erzählt wird. Die zauberische Grazie, in die hier der Berliner Dialekt eingeht. Die Bereicherung, die die Sprache durch den berlinischen Slang erfährt. Döblin ist heimgekehrt: in seine Welt, in seine Wirklichkeit, zu seiner Form."*[71]

---

71 Herbert Ihering, *Döblins Heimkehr. Berlin Alexanderplatz* in: Berliner Börsen-Courier, Jg. 62, Nr. 591 (19. 12. 1929), zitiert nach Prangel, S. 73 f.

Eine Ausnahme bildete die Kritik aus dem Lager der KPD bzw. von Autoren, die der KPD nahe standen. In seiner Rezension des Romans in der „Roten Fahne" (Zentralorgan der KPD) wirft der Autor „j-s" Döblin vor, ein völlig verzerrtes Bild der Menschen, die um den Alexanderplatz herum leben, gezeichnet zu haben.

Eine Kritik von „links"

Es heißt in der Kritik u. a.:

> „Alexanderplatz! Die KPD ist die stärkste Partei geworden in diesem Bezirk – und nicht ein einziger Kommunist tritt auf in diesem Buch, das ein getreues Spiegelbild des heutigen Berlin sein will. (...) Was ist der Sinn? Nicht festzustellen. Unerträglich die Mischung dieser Schilderungen mit überintellektuellen Hirngespinsten des Franz Biberkopf – also so denken Ihre Patienten in der Frankfurter Allee, Herr Döblin? – mehr noch mit fauler Mystik der Bibelforscher, endlosen Zitaten aus der Offenbarung Johannis. (Seelentiefseeforschung hat das mal einer genannt.) Das ist alles. Einmal, ein einziges Mal, fällt ein Wort von Politik. In einer Kneipe unterhalten sie sich, zwei, drei Sätze, unverdautes Zeug. ,Halt die Schnauze', sagt einer. Und Franz Biberkopf-Döblin hält die Schnauze, und die anderen halten die Schnauze, alle halten die Schnauze und schicken weiter ihre Mädels auf den Strich, fingern hier und da einen kleinen Einbruch, saufen, lungern herum – das ist, sagt Herr Döblin – ,Berlin Alexanderplatz'.
> Das alles wird glänzend geschildert, mit einer fesselnden Technik, mit einer Art Fotomontage gut beobachteter Äußerlichkeiten. Alles sehr schön. Aber – ein konterrevolutionärer Roman."[72]

---

72 j-s, Ist das unser Alex? In: Die Rote Fahne, Jg. 12, Nr. 258 (17.12.1929), zitiert nach Prangel, S. 70 f.

Bereits 1930 sendete der Berliner Rundfunk eine Hörspielfassung des Romans (Erstsendung 30. September 1930), im Jahre 1931 kam die Verfilmung (mit Heinrich George als Franz Biberkopf) in die deutschen Lichtspieltheater.

Dies kann als deutlicher Hinweis auf die Popularität des Romans gedeutet werden und hat wohl gleichzeitig zu dessen weiterem Erfolg beigetragen. Döblin hat am Drehbuch des Films mitgewirkt. Der Verfilmung wurde von der zeitgenössischen Kritik allerdings u. a. der Vorwurf gemacht, sie reduziere den Roman zu sehr auf die „Biberkopf-Geschichte". So etwa Alfred Kantorowicz, der schreibt: „Im Roman wurde die Atmosphäre von Berlin N und O dicht und glaubhaft; schon sprachlich war die Dynamik der Weltstadt fühlbar. Davon ist im Film außer einigen uncharakteristischen Montagen nichts geblieben."[73]

---

73 Alfred Kantorowicz: *Der Film vom Franz Biberkopf* in: Die literarische Welt, Jg. 7, Nr. 42 v. 16.10.1931, zitiert nach Prangel, S. 243

5. Materialien

Der folgende Abschnitt des Bandes soll das bisher Erarbeitete erweitern und vertiefen. Er stellt unterschiedliche Ansätze und einzelne Aspekte zur Deutung des Romans vor, die zum Gesamtverständnis des Werks und seiner Aussage beitragen sollen.

In seiner Betrachtung des Romans *Berlin Alexanderplatz* betont Walter Muschg die „Opfer-Thematik", wenn er über die Bedeutung der zahlreichen Verweise auf die Bibel und die Allgegenwart des Todes ausführt:

„Das futuristische Panorama wird zuletzt zum religiösen Welttheater. ‚Berlin Alexanderplatz' ist Döblins erste christliche Dichtung. (...) Vor allem das Alte Testament wird als Kontrapunkt zum Großstadtlärm hörbar. (...) Die Allgegenwart des Todes ist durch Fragmente des Volksliedes vom Schnitter Tod angedeutet, die immer wieder auftreten, seitdem sich Biberkopf mit Reinhold eingelassen hat. Sie und die Bibelzitate sind Assoziationen des Dichters, nicht Biberkopfs. Sie reißen das Dunkel auf, das hinter dem selbstverständlichen täglichen Getriebe steht. Ganz dem Dichter gehören auch die hellseherischen Vorausblicke, die er in einer höheren Art von Montage einflicht, seitdem es mit Biberkopf abwärts geht. (...)

(Döblins) Seherblicke sind auf die mythische Macht gerichtet, die im Mittelpunkt der religiösen Partien steht und von der schon im Vorspruch zum Roman die Rede ist. Sie sehe ‚wie ein Schicksal' aus, heißt es dort, sie führe drei Schläge gegen Biberkopf, er ringe mit diesem furchtbaren Gegner und unterliege ihm. Er selbst glaubt an diese Macht, er ist abergläubisch und erschrickt, wenn er Glocken läuten hört, die andere nicht hören. Das liegt an seiner Dumpfheit und Sinnlichkeit, die ihn immer wieder zu Fall bringen.

Er sieht sich als ohnmächtiges Opfer, wenn er unter den Rädern liegt (...). Zum Dasein gehört das Opfer, denn furchtbarerweise ist Leben nicht denkbar ohne Vernichtung, aber das allmächtig zermalmende Schicksal ist ein Mythus der Unfreien, den Döblin seit dem ‚Manas' verwirft. Das höchste Opfer ist die Selbstüberwindung, wie Abraham sie vollbrachte. Sie widerlegt die Religion der Unfreiheit und führt auch Biberkopf aus der Todesmühle hinaus."[74]

Roland Links setzt sich ausführlich mit dem Schlussabschnitt des Romans auseinander. Er betont den Zusammenhang von Besinnung, Tat und Veränderung und wendet sich ausdrücklich gegen die von Muschg entwickelte „Opfer-These". Unter Hinweis auf die in den Schlusspassagen (im Zusammenhang mit dem Abzug der Hure Babylon) des Romans auftauchende Vision großer Marschkolonnen schreibt Roland Links:

„Die kursiv gesetzten letzten Zeilen des Romans knüpfen an diese Vision an und heben ihre Bedeutung noch einmal unmissverständlich hervor. Mit ihr wird die Tat, die ja Döblin jetzt als Voraussetzung jeder Weltkenntnis ansieht, zur Forderung erhoben und hymnisch verklärt. Diese Vision ist Teil des ‚Textes' auf dem ‚Straßenschild', der dem ganzen Gleichnis seinen tieferen Sinn gibt. Dass sie dennoch überraschend kommt, wie ein Fremdkörper wirkt und offensichtlich nur schwer verständlich ist, gehört zu den künstlerischen Schwächen dieses Buches, der Darstellungsmethode Döblins und vor allem seiner politischen Position. Seine Forderung erschöpft sich in allgemeinen Deklarationen, bleibt nur Vision, weil Döblin keine konkrete Vorstellung von der Revolution hatte, weil

---

74 W. Muschg, S. 174–179

*ihm die grundsätzliche Bereitschaft des Einzelnen zu einer Tat, zur
Besinnung und Veränderung des eigenen Lebens wichtiger schien
als ein klares politisches Programm. Doch ist es unzulässig, den
nicht genügend überzeugenden Schluss zu ignorieren und damit das
Buch seiner sozialen, politischen Aussage, mag sie noch so ver-
schwommen sein, zu berauben.*

*Auf diese Funktion des Schlusses muss mit besonderem Nach-
druck hingewiesen werden, weil die meisten Interpreten seine Bedeutung unterschätzen, das Opfer in den Vordergrund rücken und
daraus – wie Walter Muschg in seinem Nachwort – folgern, hier
liege Döblins ‚erste christliche Dichtung' vor. (...) Bei genauerer
Betrachtung stellt sich nämlich sehr schnell heraus, dass schon der
Begriff ‚Opfer' hier ganz unangemessen ist. Opfer setzt einen
Adressaten voraus oder zumindest einen Zweck, dem zuliebe man
ein Übel auf sich nimmt. Die Ergebung in Gottes Willen, die
innerhalb des biblischen Kontextes von Hiob und Abraham gefor-
dert wird, kann Biberkopf gar nicht vollziehen, weil die göttliche
Instanz im ‚Alexanderplatz' fehlt (...)."*[75]

**Erich Hülse setzt in seinen Überlegungen einen Akzent
auf die Wandlung Franz Biberkopfs und sieht seinen
Lebensweg als Läuterungsprozess.**

*„Und der neue Franz Biberkopf ist alles andere als großartig,
vielmehr ist gerade dies das Neue an ihm, dass er gewissermaßen
nur noch ein Schatten seines früheren Selbst ist, statt hochmütig
eher demütig, statt stolz bescheiden, ein reduzierter Franz also,
der keine großartigen Pläne mehr hat, sondern einen kleinen Pos-
ten ausfüllt.*

---

75 R. Links, S. 118–120

Trotz der moralischen Lehre, die die Geschichte von Franzens wahrem und aufhellendem Dasein enthält, lässt sich das Gesamtergebnis des Buches nicht einfach in der Gestalt des neuen Menschen fassen. Das Buch als Ganzes ist mehr als sein Schluss. Wenn man es aber als Ganzes betrachtet, dann wird deutlich, dass die Sinngebung nicht erst am Schluss liegt, sondern schon auf dem Weg, d. h. in der schrittweisen Erhellung, die schließlich von der Katharsis, der vollständigen Läuterung, aus der der neue Mensch entsteht, gekrönt wird. Diese Sinngebung ist trotz der Einschaltung transzendenter Mächte am Ende nicht transzendent, sondern immanent.

Dennoch wird die Welt nicht so, wie sie ist, schlechthin bejaht. In der schonungslosen Darstellung offenbart sich auch eine gewisse Kritik an dieser Welt, die so beschaffen ist, dass der Mensch in ihr nur leidend zur Erkenntnis gelangt.

Mit der Verwandlung in den neuen Franz Biberkopf ist die Geschichte zu Ende. Nicht nur äußerlich, auch innerlich ist der Weg abgeschlossen, insofern das Exemplarische vom Alltäglichen abgelöst wird. Ein Entwicklungsroman? Ja, wenn man den Begriff sorgfältig von dem des Bildungsromans trennt. Aber auch die Kategorie des Entwicklungsromans muss reduziert werden, fehlt doch dem modernen Menschen die Freiheit aufzubrechen, wohin er will. Es ist eine Entwicklung, eine Verwandlung, die an Franz vollzogen wird, die er mehr passiv als aktiv über sich ergehen lassen muss. Das Leben, das er künftig führt, wird fern aller bürgerlichen Idylle verlaufen, er muss beständig auf der Hut sein und die Augen offen halten; aber darüber lässt sich nichts mehr erzählen."[76]

---

76 E. Hülse, S. 101

Peter Bekes geht der Frage nach, warum der „neue"
Franz Biberkopf am Ende des Romans den an seinem
Fenster vorbeiziehenden Marschkolonnen mit abwartender Haltung und Distanz gegenübersteht und sich
nicht einer der Gruppen anschließt.

„Damit spielt Döblin ein letztes Mal auf das den Roman prägende
Opferthema an, bringt aber gleichzeitig eine entscheidende Differenzierung ein, die für die Deutung des Todes und damit für die
Gesamtinterpretation nicht ohne Folgen ist: Sich aus der eigenen
Ich-Verkrampfung zu lösen, sich einzubinden in den Lauf der Welt,
sich gegenüber anderen zu öffnen, bedeutet nicht, sich als geistig-
soziales Wesen aufzugeben. Damit ist kein Opfer im kreatürlich-
animalischen Sinn gemeint, wie es die Schlachthofkapitel des vierten Buches demonstrieren; damit ist aber auch nicht gemeint,
einfach drauflos zu marschieren, sich blind jedem Kollektiv anzuschließen, das eigene Subjektsein in ihm aufzulösen.
Das, was Döblin Biberkopf am Ende suchen lässt, ist vielleicht
der Anschluss an eine humane, d. h. kritische und kämpferische
Gemeinschaft. Kritisch ist sie nach Auffassung Döblins dann,
wenn sie in ihrem Rahmen dem Einzelnen eigenständiges Denken
und verantwortliches Handeln ermöglicht; kämpferisch ist sie
dann, wenn sie den Verblendungszusammenhang vom übermächtigen Schicksal aufbricht, den Einzelnen aus seiner Isolation herausreißt und ihn – in wachsamer Solidarität mit den anderen – zur
produktiven, d. h. konkreten Auseinandersetzung mit dem befähigt, was Staat, Gesellschaft und Wirtschaft dem Einzelnen an
entfremdeten Bedingungen aufoktroyieren."[77]

---

77 P. Bekes, S. 109

Literatur

Primärtext

Alfred Döblin: *Berlin Alexanderplatz. Die Geschichte vom Franz Biberkopf*, Deutscher Taschenbuch Verlag, München 2001 (dtv-Band 295, 41. Auflage)
(Nach dieser Ausgabe wird zitiert.)

Schriften Döblins

Döblin, Alfred: *Das Ich über der Natur*, Berlin 1927
Döblin, Alfred: *Unser Dasein*, Olten und Freiburg i. Br. 1963

Materialien

Hinweis: Die Aufsätze aus den Materialienbänden (z. B. dem Band von Prangel) werden hier nicht gesondert aufgeführt; wenn aus ihnen zitiert wird, finden sich entsprechenden Angaben in den Fußnoten. Auf Angaben zu sonstiger Literatur wird ebenfalls verzichtet.

Mayer, Dieter: Materialien – *Alfred Döblin, ‚Berlin Alexanderplatz'*, Stuttgart 1980 (Klett Verlag)
Prangel, Matthias (Hrsg.): *Materialien zu Alfred Döblin, ‚Berlin Alexanderplatz'*, Frankfurt am Main 1975 (suhrkamp taschenbuch Bd. 268)
Sander, Gabriele (Hrsg.): *Alfred Döblin, ‚Berlin Alexanderplatz'*. Erläuterungen und Dokumente, Stuttgart 1998 (RUB Band 16009)

(Dieser Band ist für eine intensive Beschäftigung mit dem Roman unverzichtbar! Er bietet u. a. auf über 60 Seiten Wort- und Sacherklärungen.)

Lernhilfen und Kommentare

Bekes, Peter: *Alfred Döblin, ‚Berlin Alexanderplatz'*, München 1995 (Oldenbourg-Interpretationen Band 74)
(Eine ausgezeichnete und anspruchsvolle Erläuterung mit Vorschlägen für den Unterricht.)

Prem, Boris: *Döblin, ‚Berlin Alexanderplatz'* (Lektüre Durchblick), München 2001 (Mentor Band 327)
(Eine sehr knappe Einführung in den Roman.)

Schwimmer, Helmut: *Alfred Döblin, ‚Berlin Alexanderplatz'*, München 1973 (Oldenbourg-Interpretationen für Schule und Studium)

Siepmann, Thomas: *Döblin, ‚Berlin Alexanderplatz'* (Klett LernTraining), Stuttgart 2001
(Führt in wesentliche Aspekte des Romans gut und gründlich ein.)

Sekundärliteratur (Auswahl)

Baacke, Dieter: *Erzähltes Engagement. Antike Mythologie in Döblins Romanen*, in: text und kritik, Heft 13/14, Alfred Döblin, München 1972, S. 27–38
Hülse, Erich: *Alfred Döblins Roman ‚Berlin Alexanderplatz'*, in: Rolf Geißler (Hrsg.): Möglichkeiten des modernen Romans, Frankfurt a. M./Berlin/München 1976, S. 45–101

Jähner, Harald: *Erzählter, montierter und soufflierter Text. Zur Konstruktion des Romans ‚Berlin Alexanderplatz' von Alfred Döblin*, Frankfurt a. M. 1984

Links, Roland: *Alfred Döblin. Leben und Werk*, Beck Verlag, München 1981

Muschg, Walter: *Alfred Döblins Roman ‚Berlin Alexanderplatz. Die Geschichte vom Franz Biberkopf'*, in: Manfred Brauneck (Hrsg.): Der deutsche Roman im 20. Jahrhundert, Bd. 1 – Analysen und Materialien zur Theorie und Soziologie des Romans, Bamberg 1976, S. 168–180

Müller-Salget, Klaus: *Entselbstung und Selbstbehauptung. Der Erzähler Alfred Döblin*, in: G. E. Grimm (Hrsg.): Metamorphosen des Dichters. Das Rollenverständnis deutscher Schriftsteller vom Barock bis zur Gegenwart, Frankfurt a. M. 1992, S. 214–227

Stallmann, Anja: *Die Montagetechnik in A. Döblins ‚Berlin Alexanderplatz', umgesetzt mit der Hilfe der Methode „Ton-Feature" in einem Leistungskurs der Stufe 12*, Gelsenkirchen 1998 (Schriftliche Hausarbeit im Rahmen der II. Staatsprüfung/Studienseminar Gelsenkirchen II)

Stenzel, Jürgen: *Mit Kleister und Schere. Zur Handschrift von ‚Berlin Alexanderplatz'*, in: text und kritik, Heft 13/14, A. Döblin, München 1972, S. 39–44

Medien

Berlin Alexanderplatz: 2 Audio-CDs (130 Minuten, Sprecher: Ben Becker, Patmos).

Berlin Alexanderplatz: Hörbuch, 9 Cassetten (Sprecher: Hannes Messemer, 720 Minuten), Deutsche Grammophon/ Universal Music.

Verfilmungen

Berlin Alexanderplatz. Deutschland 1931.
Regie: Piel Jutzi.

Berlin Alexanderplatz. BRD (Verfilmung für das Fernsehen. Serie. 14 Teile.) 1980.
Regie: Rainer Werner Fassbinder.

Wie interpretiere ich...?

■ Der Bestseller!

Alles zum Thema Interpretation,
abgestimmt auf die individuellen Anforderungen

☆ **Basiswissen**
(Einführung und Theorie)
- grundlegende Sachinformationen zur Interpretation und Analyse
- Grundlagen zur Erstellung von Interpretationen
- Fragenkatalog mit ausgewählten Beispielen
- Analyseraster

☆ **Anleitungen**
(konkrete Anleitung - Schritt für Schritt,
mit Beispielen und Übungsmöglichkeiten)
- Bausteine einer Gedichtinterpretation
- Musterbeispiele
- Selbsterarbeitung anhand praxisorientierter Beispiele

☆ **Übungen mit Lösungen**
(prüfungsnahe Aufgaben zum Üben und Vertiefen)
- konkrete, für Klausur und Abitur typische Fragen und Aufgaben-
stellungen zu unterrichts- und lehrplanbezogenen Texten mit Lsg.
- epochenbezogenes Kompendium

Bernd Matzkowski
Wie interpretiere ich Lyrik?
Basiswissen Sek. I/II (AHS)
112 Seiten, mit Texten
Best-Nr. 1448-6

Thomas Brand
Wie interpretiere ich Lyrik?
Anleitung Sek. I/II (AHS)
205 Seiten, mit Texten
Best-Nr. 1433-8

Thomas Möbius
Wie interpretiere ich Lyrik?
Übungen mit Lösungen, Band 1
Mittelalter bis Romantik
Sek. I/II (AHS),
158 S., mit Texten
Best.-Nr. 1460-5

Thomas Möbius
Wie interpretiere ich Lyrik?
Übungen mit Lösungen, Band 2
Realismus bis Postmoderne
Sek. I/II (AHS),
149 S., mit Texten
Best.-Nr. 1461-3

Bernd Matzkowski
**Wie interpretiere ich
Novellen und Romane?**
Basiswissen Sek. I/II (AHS)
74 Seiten
Best-Nr. 1495-8

Thomas Brand
**Wie interpretiere ich
Novellen und Romane?**
Anleitung Sek. I/II (AHS)
160 Seiten, mit Texten
Best.-Nr. 1471-0

Thomas Möbius
**Wie interpretiere ich
Novellen und Romane?**
Übungen mit Lösungen Sek. I/II (AHS)
200 Seiten, mit Texten
Best.-Nr. 1472-9

Bernd Matzkowski
Wie interpretiere ich ein Drama?
Basiswissen Sek. I/II (AHS)
112 Seiten
Best-Nr. 1419-2

Thomas Möbius
Wie interpretiere ich ein Drama?
Anleitung
204 Seiten, mit Texten
Best-Nr. 1466-4

Thomas Möbius
Wie interpretiere ich ein Drama?
Übungen mit Lösungen
206 Seiten, mit Texten
Best-Nr. 1467-2

Bernd Matzkowski
Wie interpretiere ich?
Sek. I/II (AHS)
114 Seiten
Best.-Nr. 1487-7

Bernd Matzkowski
**Wie interpretiere ich Kurzgeschichten,
Fabeln und Parabeln?**
Basiswissen Sek. I/II (AHS)
96 Seiten, mit Texten
Best-Nr. 1493-1

Thomas Möbius
Beliebte Gedichte interpretiert
Sek I/II (AHS)
104 S., mit Texten
Best.-Nr. 1480-X

Eduard Huber
Wie interpretiere ich Gedichte?
Sek I/II (AHS)
112 Seiten
Best.-Nr. 1474-5
Ein kompakter Helfer zum Thema
Gedichtinterpretation.
Das Buch hebt sich durch seine kompakte
Darstellung und seine Methodik von anderen
Interpretationshilfen ab.

Bange
...leichter lernen!